Le chat révélé

DU MÊME AUTEUR

chez le même éditeur

La fête zoologique

Le chien révélé

Aux Éditions Grasset

Le singe nu

Le zoo humain

La magie du corps

DESMOND MORRIS

Le chat révélé

GUIDE ESSENTIEL
DU COMPORTEMENT DE VOTRE CHAT

Traduit de l'anglais par
ÉDITH OCHS

Illustrations de
PAULA LE FLOUR

CALMANN-LÉVY

Titre original de l'ouvrage
CATWATCHING

ISBN 2-7021-1609-4

Imprimé en France

Introduction

Le chat domestique est une vivante contradiction. Aucun animal n'a établi des relations aussi intimes avec l'homme, tout en conservant une telle indépendance de mouvement et d'action. Si le chien est « le meilleur ami de l'homme », il est rare qu'on l'autorise à baguenauder librement d'un jardin à l'autre ou d'une rue à l'autre. On doit emmener en promenade le chien obéissant. Forte tête, le chat se promène seul.

Le chat mène une double vie. Dans la maison, il se conduit comme un gros chaton qui lève des yeux d'enfant vers ses maîtres humains. Perché en haut du toit, il est tout à fait adulte, maître de lui-même, un animal sauvage vivant en liberté, les sens en éveil et capable de subvenir à ses besoins, ayant pour un temps totalement oublié ses protecteurs humains. Ce passage à l'état d'animal sauvage de l'animal familier dressé, et inversement, est fascinant à regarder. Tout maître qui a, par hasard, rencontré son chat à l'extérieur, au moment où celui-ci se trouvait plongé en plein cœur d'un mélodrame félin où le sexe et la violence se partageaient la vedette, sait ce que je veux dire. A un moment donné, l'animal est totalement absorbé par une scène dramatique intense, où se jouent ses amours ou son statut social. Puis, du coin de l'œil, il repère son maître qui suit le déroulement des opérations. Il y a alors l'instant schizoïde que connaît celui qui joue un double rôle, une brève hésitation, avant que l'animal n'arrive en courant pour se frotter contre les jambes de son maître et redevenir le chaton de la maison.

Le chat parvient à rester un animal domestiqué à cause des différents stades de son éducation. En passant son enfance et sa prime jeunesse avec d'autres chats (sa mère et ses compagnons de portée) et avec des humains (la famille qui l'a adopté), il s'attache aux uns et aux autres, et considère qu'il appartient aux deux espèces. C'est comme un enfant élevé dans un pays étranger et qui, de ce fait, devient bilingue. Le chat est en quelque sorte « bi-mental ». Même si son physique est celui d'un chat, sur le plan psychique, il est à la fois félin et humain. Mais, lorsqu'il atteint véritablement l'âge adulte, la majorité de ses réponses sont celles d'un félin, et il n'a qu'une seule réaction majeure à ses maîtres humains. Il les traite comme de pseudo-parents. Cela tient au fait qu'ils ont pris la relève de la vraie mère à un moment délicat du développement du chaton, lui assurant à leur tour l'approvisionnement en lait, en aliments solides et le confort tandis qu'il grandissait.

Ce type de relations est assez différent de celles qui s'établissent entre l'homme et le chien. Comme le chat, le chien considère ses maîtres humains comme ses pseudo-parents. Sur ce plan, le processus de l'attachement est identique. Mais le chien a un lien supplémentaire avec l'homme. La société canine est organisée en groupes, pas la société féline. Les chiens vivent en bandes, avec des relations de statuts étroitement contrôlées entre les individus. Il y a les chiens du haut de la hiérarchie, ceux du milieu et ceux du bas et, dans des circonstances normales, ils se déplacent ensemble, chacun tenant tout le temps l'autre à l'œil. Le chien adulte d'intérieur voit sa famille humaine comme de pseudo-parents, mais aussi comme les membres dominants de sa bande. D'où sa réputation universelle d'obéissance et son aptitude légendaire à la loyauté. Sans doute les chats possèdent-ils une organisation sociale complexe, mais jamais ils ne chassent en bandes. En liberté, ils passent le plus clair de leur temps à chasser en solitaires. C'est pourquoi aller en promenade avec un humain ne les séduit guère. Alors, quand il s'agit pour eux de « marcher au pied » ou d'apprendre à rester « assis » ou « couché », ça leur est franchement égal. De tels ordres n'ont aucun sens pour eux.

Ainsi, dès l'instant où le chat a réussi à faire ouvrir une porte par un humain (la porte étant pour le chat l'invention humaine la plus odieuse), il sort et file sans se retourner. Au moment où il passe le seuil, le chat est transformé. Le cerveau du « chaton de l'homme » cesse de fonctionner, remplacé aussitôt par celui du chat sauvage. Dans pareille situation, le chien jettera peut-être un coup d'œil pour voir si son camarade de bande humain vient goûter avec lui aux joies de l'exploration, mais pas le chat. L'esprit du chat s'est échappé pour flotter dans un autre monde, entièrement félin, où les étranges singes bipèdes n'ont pas leur place.

En raison de cette nuance importante entre chats et chiens domestiques, les amateurs de chats ont tendance à être assez différents des amateurs de chiens. En règle générale, ils sont plus portés vers une indépendance de pensée et d'action. Les artistes aiment les chats ; les soldats, les chiens. Le phénomène tant vanté de la « loyauté de groupe » est aussi étranger aux chats qu'aux amateurs de chats. Si vous êtes un homme social, un bon camarade, un type très entouré de copains, celui qu'on vient chercher pour faire une partie de foot ou de rugby, on peut supposer qu'il n'y a pas chez vous de chat roulé en boule au coin du feu. Le jeune loup aux dents longues, le politicien ambitieux, le footballeur professionnel, par exemple, ne correspondent pas au type du propriétaire de chat. On a du mal à se représenter un joueur de rugby avec un chat sur les genoux – on se l'imagine mieux emmenant promener son chien.

Les spécialistes, qui ont étudié en tant que groupes distincts les propriétaires de chats et de chiens, affirment qu'il y a aussi une certaine coloration sexuelle. Les amateurs de chats ont tendance à être surtout des femmes. Cela n'est guère surprenant étant donné la répartition du travail qui s'est effectuée au cours de l'évolution humaine. Les hommes préhistoriques se sont spécialisés comme chasseurs en groupe, tandis que les femmes s'occupaient principalement de récolter la nourriture et d'élever les enfants. Cette différence a engendré, chez le mâle, une « mentalité de bande », qui se trouve beaucoup moins marquée chez les femmes. Ancêtre sauvage du chien domestique, le loup chasse à présent en hordes lui aussi, en sorte que le chien moderne a beaucoup plus en commun, chez les humains, avec le mâle qu'avec la femelle. Un commentateur misogyne pourrait taxer femmes et chats d'un manque d'esprit d'équipe. Une commentatrice féministe traiterait hommes et chiens de voyous.

Le débat ne sera jamais clos : l'autosuffisance et l'individualisme félins contre la bonne camaraderie et la solidarité canines. Mais il est important de souligner que, pour exposer un point de vue valable, j'ai caricaturé les deux positions. Beaucoup de gens, en réalité, apprécient autant la présence d'un chat que d'un chien. Nous avons tous, ou presque, des éléments félins et canins dans notre personnalité. A certains moments, nous avons envie d'être seuls et de réfléchir; d'autres fois, nous aspirons à nous trouver dans une pièce bruyante, pleine de monde.

Le chat et le chien sont deux espèces avec lesquelles les humains ont établi un contrat solennel. Nous avons passé un pacte tacite, non écrit, avec leurs ancêtres sauvages, leur assurant le boire et le manger ainsi que notre protection, en échange de l'accomplissement de certaines tâches. Pour les chiens, les tâches étaient complexes, couvrant toute une gamme d'actions liées à la chasse, impliquant également la garde d'une propriété, la défense des maîtres en cas d'attaque, la destruction des nuisibles, et le rôle de bêtes de somme pour tirer nos charrettes et nos traîneaux. A l'époque moderne, une variété plus grande encore de charges ont été confiées à cette espèce patiente, endurante, avec des activités aussi diverses que guider les aveugles, capturer des criminels et participer à des courses.

Pour les chats, les termes de l'ancien contrat étaient beaucoup plus simples, et ils n'ont jamais été modifiés. Il comportait seulement une tâche primaire et une secondaire. On leur demandait avant tout de dératiser, et puis, en supplément, d'être les animaux familiers de la maison. Chasseurs solitaires de petites proies, ils étaient peu utiles aux humains en quête de gibier. Ne vivant pas en groupes sociaux fortement organisés, dont la survie dépend de l'entraide, ils ne donnaient pas l'alerte au cas où des intrus pénétraient dans la maison. Ils étaient de peu d'utilité pour garder la propriété ou pour défendre leurs maîtres. En raison de leur petite taille, ils ne pouvaient être d'aucun secours comme bêtes de somme. Dans les Temps modernes, hormis occuper avec les chiens la position d'animal familier idéal, et, de temps à autre, partager avec les acteurs les honneurs de la scène ou de l'écran, les chats n'ont pas réussi à diversifier leurs services auprès des humains.

Malgré cette implication plus restreinte dans les affaires humaines, le chat est parvenu à conserver sa place dans l'affection des hommes. D'après un recensement récent, il y a presque autant de chats que de chiens dans les îles Britanniques : environ cinq millions de chats pour six millions de chiens [1]. Aux États-Unis, les chiffres sont un petit peu moins favorables aux félins : environ vingt-trois millions de chats pour quarante millions de chiens. Même dans ces conditions, cela représente une population énorme de chats domestiques, qui, en tout état de cause, est probablement sous-évaluée. Bien qu'il existe encore quelques chats souriciers et ratiers, qui assument leurs tâches ancestrales en tant que destructeurs de nuisibles, les chats domestiques dans leur immense majorité sont aujourd'hui des animaux familiers ou des harets, des survivants retournés à l'état sauvage. Parmi les chats familiers, certains sont des chats de race choyés et dorlotés, mais la plupart sont des chats de gouttière de descendance mélangée. La différence de proportion entre chats à pedigree et chats de gouttière est probablement plus faible que celle entre chiens à pedigree et bâtards. Bien que les expositions félines suscitent autant d'ardeur que les canines, elles sont moins nombreuses, de même que les races d'exposition sont moins variées chez les félins. Comme il ne fallait pas remplir un éventail aussi large de fonctions, la sélection des races a été beaucoup moins poussée dans

1. En France, il y a environ sept millions de chats pour huit millions de chiens.

les premiers temps. En fait, il n'y en eut pratiquement pas. Les chats de toutes races sont bons chasseurs de souris et de rats, et on ne leur en demandait pas plus. Les modifications dans la longueur des poils, la couleur ou le dessin de la robe, ou dans les proportions corporelles, ne pouvaient tenir qu'à des préférences régionales ou à la fantaisie des maîtres. Cela a donné quelques races félines à pedigree d'une beauté étonnante, sans atteindre toutefois l'étonnante variété de races extrêmement diversifiées que l'on rencontre chez les chiens. Il n'y a pas, chez les chats, l'équivalent du dogue allemand ou du chihuahua, du saint-bernard ou du teckel. S'il existe de grandes variations dans le type de fourrure et dans la couleur, il y en a peu en ce qui concerne la forme corporelle et la taille. Un chat très grand pèse environ 8 kilos, et le plus petit 1,5 kilo. Ce qui veut dire que, même en tenant compte des extrêmes quasi monstrueuses chez les félins, les gros chats domestiques ne font que six fois le poids des petits, alors que, chez les chiens, un saint-bernard peut peser trois cents fois plus que le petit yorkshire terrier. Autrement dit, les variations de poids chez les chiens sont cinquante fois plus importantes que chez les chats.

Si l'on considère les chats abandonnés et ceux qui sont retournés de leur propre gré à l'état sauvage – les harets – là encore on constate une différence non négligeable. Dans des régions moins habitées, les chiens errants constituent des bandes autonomes, commençant à se reproduire et à se débrouiller tout seuls sans aucune intervention humaine. Mais de tels groupes ont pratiquement disparu des zones urbaines et suburbaines. En fait, ils n'existent pratiquement pas dans les pays européens modernes surpeuplés. Même les régions rurales ne peuvent subvenir à leurs besoins. Quand une bande de harets se forme, elle est bientôt prise en chasse par la communauté paysanne, qui protège ainsi son bétail contre les agressions. Il en va autrement des colonies de chats harets. Toutes les grandes villes en possèdent une population prospère. Les tentatives pour les supprimer ont généralement échoué, car il y a toujours de nouveaux errants qui viennent grossir leur nombre. De plus, le besoin de les supprimer n'est pas jugé impératif, car ils parviennent souvent à survivre en reprenant leurs fonctions ancestrales de dératiseurs. Là où l'intervention humaine a éliminé rats et souris par le poison, les chats harets doivent vivre d'expédients, fouillant dans les poubelles et mendiant auprès des humains compatissants. Beaucoup de ces chats de gouttière sont des êtres pathétiques, survivant à la limite de leurs forces. Leur résistance stupéfiante prouve à tout le moins que, malgré des millénaires de domestication, leur cerveau et leur corps de félins sont encore incroyablement proches de l'état sauvage.

C'est néanmoins cette résistance même qui est responsable en grande partie de la souffrance des chats. Puisqu'ils *peuvent* survivre lorsqu'on les jette dehors et qu'on les abandonne, les gens hésitent moins à le faire. Le fait qu'une bonne partie de ces animaux vont subir des conditions urbaines effroyables – des chats pouilleux parvenant péniblement à rester en vie grâce aux ordures et aux déchets de la société humaine – montre peut-être combien ils sont coriaces, mais ce n'est là que la parodie d'une existence féline digne de ce nom. Que nous tolérions cet état de choses est un exemple de plus de la manière ignoble dont nous avons, à plusieurs reprises, rompu l'ancien contrat qui nous liait à cette espèce. Et pourtant, cela n'est rien, comparé à la cruauté avec laquelle nous avons pu tourmenter les chats dans les siècles passés. Ils ont trop souvent servi de dérivatif à notre agressivité, au point qu'il existe une formule qui exprime ce mécanisme. « Jeter le chat aux jambes de quelqu'un », est une expression populaire qui signifie : répercuter les brimades venues d'en haut sur des victimes situées plus bas dans l'ordre social, le chat se trouvant au pied de l'échelle.

Heureusement, on peut opposer à cela le fait que la grande majorité des familles humaines font attention à leurs animaux, et les traitent avec respect. Les chats savent comment s'y prendre pour se faire aimer de leurs maîtres, non seulement par leur comportement de chatons, qui stimule en nous de forts sentiments parentaux, mais aussi par leur grâce parfaite. Il émane d'eux une élégance et une sérénité qui fascinent l'œil humain. Pour l'homme sensible, c'est en quelque sorte un privilège de partager une pièce avec un chat, de croiser son regard, de le sentir se frotter contre vos jambes, ou de l'observer tandis qu'il se love doucement et avec délices pour somnoler sur un coussin moelleux. Et, pour des millions de gens solitaires – souvent incapables, physiquement, d'entreprendre de longues marches avec un chien exigeant – le chat est le compagnon idéal. En particulier pour ceux qui, à un certain âge, sont obligés de vivre seuls, la compagnie d'un chat est une source de satisfactions incommensurables. Les bureaucrates purs et durs qui, par leur indifférence cruelle et leur égoïsme stérile, cherchent à débarrasser la société moderne de la présence des animaux familiers sous toutes leurs formes feraient bien de s'arrêter pour réfléchir au mal que pareille action pourrait provoquer.

Cette réflexion m'amène au sujet même de ce livre. En

tant que zoologiste, j'ai eu à m'occuper, à un moment ou à un autre, d'à peu près tous les membres de la famille des félidés, des grands tigres aux petits chats-tigres, des puissants léopards aux minuscules ocelots, des formidables jaguars aux jaguarondi miniatures, si rares. J'ai presque toujours eu, chez moi, un chat domestique pour attendre mon retour, avec quelquefois un placard plein de chatons. Durant mon enfance, que j'ai passée à la campagne, dans le Wiltshire, je suis resté des heures, couché dans l'herbe, à observer les chats de ferme, quand ils suivaient leurs proies d'un pas expert, ou à épier au grenier leurs nichées quand ils allaient donner à téter à leurs chatons tremblants. J'ai très tôt pris l'habitude d'observer les chats, et ne m'en suis pas départi pendant presque un demi-siècle. En raison de mon activité professionnelle avec les animaux, il m'est souvent arrivé que l'on me pose des questions concernant le comportement des chats. C'est ainsi que j'ai découvert avec surprise combien les gens savaient peu de choses sur cet animal mystérieux. Même ceux qui raffolent de leur petit compagnon n'ont souvent qu'une vague notion des complexités de sa vie sociale, de son comportement sexuel, de son agressivité et de ses talents de chasseur. Ils connaissent bien ses mouvements d'humeur et s'occupent de lui avec un soin exagéré, mais ils ne font aucun effort pour étudier l'animal en tant que tel. En un sens, ce n'est pas de leur faute, une bonne partie du comportement de l'animal ne se manifestant qu'en dehors de la cuisine et du salon. J'espère que même ceux qui croient connaître intimement leurs chats apprendront, en lisant ces pages, à mieux comprendre leurs gracieux compagnons.

J'ai employé la méthode suivante : je pose une série de

questions fondamentales auxquelles j'apporte des réponses simples, directes. Il existe une profusion de livres excellents expliquant à merveille comment s'occuper de son chat, avec toutes les indications nécessaires sur la manière de les nourrir, de les loger, sur les soins vétérinaires, ainsi qu'une liste classificatoire des diverses races de chats et leurs caractéristiques. Je ne reviendrai pas ici sur ces informations. J'ai plutôt essayé de faire un livre tout à fait différent, un livre consacré essentiellement au comportement félin et qui apporte des réponses aux interrogations qui m'ont été soumises au fil des ans. Alors si j'ai atteint mon but, la prochaine fois que vous rencontrerez un chat, vous devriez pouvoir considérer le monde d'un œil plus... félin. Et dès que vous aurez commencé à le faire, vous vous poserez de plus en plus de questions sur le monde fascinant des chats. Peut-être alors éprouverez-vous, à votre tour, l'envie de les observer plus attentivement.

Le chat

Nous savons, sans l'ombre d'un doute, qu'il y a 3 500 ans, le chat était déjà un animal tout à fait domestiqué. Nous avons des écrits de l'Égypte ancienne qui le prouvent. Mais nous ne savons pas quand le processus a commencé. On a retrouvé des ossements de chats dans un site néolithique à Jéricho remontant à 9 000 ans, mais on n'a aucune certitude que ces félins étaient apprivoisés. La difficulté tient au fait que le squelette du chat a peu varié durant son passage de l'état sauvage à celui d'animal domestiqué. C'est seulement lorsque nous possédons des annales spécifiques et des dessins détaillés, comme pour l'ancienne Égypte, que nous pouvons savoir avec certitude que la transformation du chat sauvage en animal domestique s'était déjà effectuée.

Une chose est claire : il ne peut y avoir eu de dressage du chat avant la révolution agricole (à l'ère néolithique, ou nouvel âge de pierre). A cet égard, le chat s'est distingué du chien. Les chiens avaient un rôle non négligeable à jouer avant même l'avènement de l'agriculture. Durant la période paléolithique (ou vieil âge de pierre), les chasseurs humains préhistoriques étaient capables de faire bon usage d'un compagnon de chasse à quatre pattes doué de facultés olfactives et auditives supérieures. En revanche, les chats n'avaient que peu d'intérêt pour l'homme préhistorique, tant qu'il n'avait pas entamé la phase agricole et commencé à emmagasiner de grandes quantités de nourriture. Les greniers à grains, en particulier, ont dû attirer une population grouillante de souris et de rats, presque au moment même où le chasseur humain s'est installé comme fermier. Dans les premières villes, où les greniers étaient vastes, ce serait devenu une tâche insurmontable pour les gardiens de piéger les souris et de les tuer en nombre suffisant pour les éliminer ou même limiter leur prolifération. Une invasion massive de rongeurs a dû être l'un des premiers fléaux qui s'abattirent sur les villageois. Un carnivore chasseur de rats et de souris ne pouvait être qu'un envoyé des dieux pour les propriétaires harcelés des greniers.

On peut se représenter sans peine comment, un jour, quelqu'un a remarqué par hasard que des chats sauvages avaient été repérés, rôdant autour des greniers à grains et attrapant des souris. Pourquoi ne pas les encourager? Les chats, quant à eux, ont dû avoir du mal à en croire leurs yeux. Finie l'attente interminable dans les broussailles. Tout ce qu'on leur demandait à présent, c'était d'aller se balader tranquillement aux alentours des vastes greniers et de s'y régaler à loisir de rongeurs dodus et bien nourris qui semblaient les attendre. De ce stade à celui consistant à garder et à élever des chats pour une destruction accrue des nuisibles, il n'y a eu probablement qu'un simple pas, puisque les deux parties en tiraient profit.

Avec nos méthodes modernes efficaces de dératisation, il nous est difficile d'imaginer ce que le chat pouvait représenter pour les civilisations anciennes, mais quelques faits illustrant le comportement des anciens Égyptiens envers leurs félins bien-aimés permettront de mieux souligner l'importance qu'ils leur accordaient. Pour eux, par exemple, les chats étaient sacrés, et quiconque en tuait un était condamné à mort. Si, dans une maison, un chat disparaissait de mort naturelle, tous les occupants humains devaient prendre le deuil, ce qui impliquait de se raser les sourcils.

Après la mort, le cadavre du chat était embaumé avec tout le cérémonial d'usage, le corps étant enveloppé de bandelettes de différentes couleurs et le visage recouvert d'un masque de bois sculpté. Certains étaient mis dans des sarcophages de bois ayant la forme du chat, d'autres étaient placés dans des étuis de paille tressée. On les enterrait par quantités prodigieuses dans d'immenses nécropoles réservées à des millions de félins.

La déesse-chatte s'appelait Bastet, ce qui signifiait Elle-de-Bast. Bast était la ville où le principal temple dédié au chat était situé. Là, quelque 500 000 personnes se retrouvaient chaque printemps pour célébrer une fête solennelle. Environ 100 000 chats momifiés étaient enterrés lors de chacune de ces manifestations en l'honneur de la déesse vierge féline (qui était vraisemblablement une forme annonciatrice de la Vierge Marie). Ces festivités consacrées à Bastet étaient, dit-on, les plus populaires de toute l'Égypte pharaonique, celles qui attiraient la foule la plus nombreuse – succès qui n'est peut-être pas sans rapport avec les folles célébrations orgiaques et les « délires rituels » qui s'y déroulaient. Le culte du chat était en fait si apprécié qu'il dura près de deux mille ans. Il fut officiellement interdit en l'an 390 de notre ère, mais il était déjà à l'époque sérieusement sur le déclin. A son apogée, cependant, il reflétait l'immense vénération dont le chat était l'objet dans cette civilisation antique, et les très beaux bronzes de chats qui ont survécu jusqu'à nous prouvent à quel point les Égyptiens étaient sensibles à la délicatesse de ses formes.

Contraste désolant avec cet ancien culte, le vandalisme dont les nécropoles de chats furent victimes de la part des Anglais au cours du siècle dernier. Ne donnons qu'un seul exemple : 300 000 momies de chats furent transportées par bateau à Liverpool, où elles furent réduites en poudre pour servir d'engrais dans les champs de la campagne anglaise. Il ne reste, de l'aventure, qu'un seul et unique crâne de chat, aujourd'hui exposé au British Museum.

Les premiers Égyptiens auraient probablement réclamé 300 000 morts pour pareil sacrilège, eux qui ont autrefois écartelé un soldat romain parce qu'il avait fait du mal à un chat. Non seulement ils vénéraient leurs chats, mais ils en interdisaient expressément l'exportation. Cet état de fait se traduisit par des tentatives répétées pour sortir en fraude du pays ces animaux familiers de prestige. Pour les Phéniciens, l'équivalent, en ce temps-là, de notre marchand de voitures d'occasion, l'enlèvement de chats devint comme un nouveau défi commercial, et ils se mirent bientôt à transporter, tout autour de la Méditerranée, des chats de prix destinés aux riches blasés. Même si les Égyptiens étaient loin d'en être ravis, ce trafic était une bonne chose pour les chats de l'époque, qui en profitèrent pour s'introduire en tant qu'objets précieux dans de nouvelles régions, où ils furent bien traités.

Les fléaux de rongeurs qui s'abattaient sur l'Europe ont permis au chat d'améliorer encore son image de marque, en se faisant connaître comme dératiseur. Dès lors, il ne tarda pas à gagner tout le continent. Les Romains sont grandement responsables de cette évolution, et plus particulièrement de l'introduction du chat en Angleterre. Nous savons que les chats furent bien traités au cours des siècles qui suivirent, étant donné ce que nous savons des punitions encourues lorsqu'on en tuait un. Elles n'étaient pas aussi radicales que dans l'Égypte des Pharaons, mais être condamné à donner un agneau ou un mouton ne pouvait être considéré, tant s'en faut, comme une peccadille. La peine infligée, au Xe siècle, par un roi gallois révèle l'importance que revêtait à ses yeux le chat mort. Il fit suspendre le cadavre de l'animal par la queue, le bout du museau touchant le sol, et l'assassin fut condamné à recouvrir de grain le corps jusqu'à ce qu'il disparaisse sous le tas. La confiscation de ces céréales donne une idée assez précise de ce qu'on estimait être la part de récolte qu'un chat besogneux sauvait du ventre des rats et des souris.

Mais ces temps bénis pour les chats n'étaient, hélas, pas destinés à durer. Au Moyen Age, la population féline de l'Europe allait subir, à l'instigation de l'Église, plusieurs siècles de tortures, de mauvais traitements et de tuerie. Comme ils avaient été impliqués dans d'anciens rites païens, les chats furent proclamés créatures du démon, agents de Satan et amis des sorcières. On encouragea les chrétiens à leur infliger toutes les douleurs et les souffrances possibles. De sacré, il était devenu damné. Les chats furent brûlés en place publique les jours de fête. A l'incitation des prêtres, ils furent écorchés, crucifiés, battus, rôtis et jetés du haut du clocher des églises, dans un grand mouvement de purification contre les ennemis supposés du Christ.

Heureusement, le seul héritage qu'il nous reste de cette période misérable dans l'histoire du chat domestique est la superstition, encore vivace aujourd'hui, qu'un chat noir peut, selon le cas, porter malheur – ou bonheur. En effet, son rapport avec la chance n'est pas toujours très clair, car, lorsqu'on passe d'un pays à l'autre, on se rend compte que le porte-malheur des uns est le porte-bonheur des autres, et cette oscillation entre bonne et mauvaise fortune vous plonge dans la plus grande perplexité. Ainsi, en Angleterre, un chat noir porte bonheur, alors qu'en Amérique et en Europe continentale, il est plutôt néfaste. Dans certaines régions, ce comportement superstitieux est toujours pris très au sérieux. Ainsi, il y a quelques années, le riche propriétaire d'un restaurant, qui rentrait en pleine nuit à son domicile, situé au sud de Naples, vit un chat noir traverser la route juste devant sa voiture. Aussitôt, il s'arrêta pour se garer sur le bas-côté, incapable de continuer sa route tant que le chat ne serait pas revenu (pour « exorciser » le sortilège). Le voyant planté là, en pleine nuit, sur une route déserte, une patrouille de la gendarmerie s'approcha. Les gendarmes interrogèrent l'automobiliste. Lorsqu'ils apprirent le motif de sa présence en ce lieu, la force de la superstition fut telle qu'ils refusèrent d'aller plus loin, craignant d'attirer sur eux le malheur. Et ils restèrent assis dans leur voiture, à attendre le retour du chat.

Malgré la survivance de ces superstitions, le chat est à nouveau aujourd'hui, comme aux temps bénis de l'Égypte des Pharaons, l'animal familier que l'on chérit. S'il n'est pas sacré, il est profondément vénéré. Les cruelles persécutions de l'Église ont depuis longtemps été réprouvées par l'homme de la rue et, au cours du XIXe siècle, une nouvelle phase de la promotion du chat a éclaté, sous forme d'expositions félines et de races à pedigree.

Comme nous l'avons déjà mentionné, les races de chats n'ont pas été sélectionnées en fonction de tâches diverses, comme pour les chiens, mais il y a eu un certain nombre de mutations locales, avec des variations de couleurs, motifs et longueur de la robe, qui se sont manifestées presque par hasard dans différents pays. Au XIXe siècle, les voyageurs commencèrent à ramasser les chats d'allure étrange qu'ils rencontraient dans les pays lointains pour les rapporter avec eux dans l'Angleterre victorienne. Ils les élevaient avec soin pour en accentuer les caractéristiques particulières. C'est alors que les expositions félines devinrent de plus en plus populaires. En un siècle et demi, plus de cent races à pedigree ont été normalisées et recensées en Europe et en Amérique du Nord.

Toutes ces races modernes semblent appartenir à une seule et même espèce : le *Felis sylvestris,* ou chat sauvage, et sont capables de s'accoupler entre elles ou avec les autres races de *sylvestris* sauvages. Dans les premiers temps de la domestication des félins, les Égyptiens commencèrent par la lignée nord-africaine du *Felis sylvestris.* Récemment encore, on prenait celle-ci pour une espèce distincte, que l'on appelait *Felis lybica.* On sait aujourd'hui qu'elle n'est guère plus qu'une race, que l'on appelle *Felis sylvestris lybica.* Elle est plus petite et plus élancée que la race européenne du chat sauvage, et s'est laissé dresser, semble-t-il, plus facilement. Mais, quand les Romains conquirent l'Europe, emportant avec eux leurs chats domestiques, quelques-unes de leurs bêtes s'accouplèrent avec les chats sauvages septentrionaux, plus trapus, engendrant une progéniture plus lourde, plus robuste. Les chats contemporains reflètent, aujourd'hui, cette double origine, certains étant gros et vigoureux, comme beaucoup de chats de gouttière, alors que d'autres ont un corps plus allongé et plus osseux, comme les diverses races siamoises. Il est probable que ces siamois, ainsi que les autres races plus élancées, sont plus proches de l'original égyptien, leurs ancêtres domestiques ayant été dispersés à travers le monde sans avoir aucun contact avec les chats sauvages septentrionaux.

Bien que les avis divergent sur ce point, il semble hautement improbable qu'aucune autre espèce de félins sauvages ait été impliquée dans l'histoire des chats domestiques modernes. Nous savons effectivement qu'un deuxième chat, plus gros, le *Felis chaus*, le chat des marais, était fort prisé des anciens Égyptiens, mais il semble qu'il ait très vite été mis hors jeu. Sans doute était-il au départ un concurrent sérieux dans la course à la domestication, étant donné que l'examen de momies de chats a révélé que certains d'entre eux étaient dotés de crânes de chats des marais, beaucoup plus gros. Mais bien que le chat des marais soit, en captivité, parmi les animaux les plus affectueux, il est énorme comparé au plus râblé de nos chats domestiques contemporains. C'est pourquoi il paraît peu probable qu'il ait joué un rôle dans le cours ultérieur de l'histoire de la domestication.

Il n'est pas question, ici, d'entrer dans les détails à propos des races de chats modernes, mais un bref aperçu historique sur leur introduction en Europe nous permettra d'apporter quelques éléments de réponse à cette interrogation non négligeable : comment nous est venu ce goût pour le chat moderne?

Les races les plus anciennes sont les divers chats à poil court, descendant des animaux disséminés par les Romains. Ensuite, il y a un énorme fossé jusqu'au XVIe siècle, lorsque les bateaux en provenance de l'Orient accostèrent à l'île de Man, transportant à leur bord un curieux chat sans queue : le fameux manx. En raison de son apparence curieusement mutilée, cette race n'a jamais suscité un grand engouement, bien qu'elle continue d'avoir ses amateurs. Vers la même époque, le premier des chats à poil long, le magnifique angora, originaire de Turquie, était introduit en Europe. Plus tard, au milieu du XIXe siècle, il allait être grandement supplanté par le persan, encore plus spectaculaire, qui débarquait d'Asie Mineure, avec sa fourrure incroyablement épaisse, luxuriante.

Puis, à la fin du XIXe siècle, formant un contraste absolu, le siamois au corps osseux, allongé, arrive d'Extrême-Orient. Avec sa personnalité étonnante – il est beaucoup plus extraverti que les autres chats – il séduisit un type d'amateurs différent. Alors que le persan, tout rond, une vraie peluche, avec son visage aplati, assez enfantin, était parfait comme substitut d'enfant, le siamois était un compagnon beaucoup plus actif.

A peu près à l'époque où apparaît le siamois, l'élégant bleu de Russie fut importé de Russie, et l'abyssin roux, à l'air sauvage, de l'actuelle Éthiopie.

Au XXe siècle, dans les années trente, le birman à la fourrure sombre arriva aux États-Unis, avant de débarquer en Europe. Dans les années soixante, plusieurs modifications inhabituelles prirent forme de mutations spontanées : le bizarre sphinx, sans poil, du Canada; le rex au poil bouclé, du Devon et des Cornouailles; et le scottish fold aux oreilles aplaties, dit chat d'Écosse ou chat chinois. Dans les années soixante-dix, le bobtail japonais, avec sa drôle de petite touffe qui le fait ressembler à une sorte de manx, fut importé des États-Unis; le wirehair bouclé fut obtenu à partir d'une mutation en Amérique; et le minuscule singapura (qui, dans son île d'origine, où les habitants méprisent les chats, vivait dans les égouts) apparut sur la scène américaine, où il reçut son nom au charme exotique.

Enfin, il y eut l'extraordinaire ragdoll, celui des félins qui possède le tempérament le plus étrange. Lorsqu'on le ramasse, il devient aussi mou qu'une poupée de chiffon. Il est si placide qu'on a l'impression qu'il est constamment drogué. Rien ne paraît le déranger. Avec son tempérament de hippy, il n'est guère surprenant qu'il apparût pour la première fois en Californie.

Cette liste est loin de se vouloir exhaustive, mais elle donne au fanatique des races à pedigree une idée de la grande variété des chats actuels. Pour nombre de races, j'ai également évoqué le fait qu'il existe diverses variétés et couleurs, qui viennent grossir d'une manière importante la liste des catégories d'exposition. Dès qu'un nouveau type de chat apparaît, il y a du grabuge – non point parce que les félins se battent entre eux, mais à cause des empoignades assez choquantes qui opposent les éleveurs passionnés de la nouvelle lignée et les autorités toutes-puissantes qui font la pluie et le beau temps dans les principales expositions félines. Le ragdoll est la dernière race à s'inscrire dans la liste des passes d'armes mémorables : idéal pour les invalides, disent ses partisans; le parfait souffre-douleur, affirment ses détracteurs.

Pour compliquer encore le paysage, il existe des points de désaccord considérables entre les autorités des différentes manifestations. Ainsi, le Governing Council of the Cat Fancy, qui regroupe les sociétés félines en Angleterre, reconnaît d'autres races que le Cat Fanciers' Association en Amérique, les deux organisations n'hésitant pas quelquefois à attribuer un nom différent à une même race. Rien de bien grave à tout cela. La seule conséquence, c'est finalement de faire monter le ton d'un cran, en multipliant discussions et débats enflammés, pour le plus grand bénéfice des chats de race, qui ont su susciter, autour de leur personne, un intérêt passionné.

Le sérieux qui règne sur les expositions félines contribue également à faire progresser le statut de tous les chats, de sorte que même le dernier des chats de gouttière en profitera, à la longue. Ceux-là continuent de constituer l'immense majorité des chats domestiques modernes, car, pour la plupart des gens, comme aurait pu dire Gertrude Stein, un chat est un chat. Les différences, aussi fascinantes soient-elles, restent superficielles. Tout chat porte en lui un antique héritage de facultés sensorielles étonnantes, des émissions vocales et un langage corporel merveilleux, de grandes qualités de chasseur, des manifestations élaborées concernant son territoire et son statut, un comportement sexuel d'une curieuse complexité et un grand dévouement envers sa progéniture. C'est un animal plein de surprises, comme ce livre a l'ambition de le démontrer.

Pourquoi le chat ronronne-t-il?

La réponse paraît évidente : un chat qui ronronne est un chat satisfait. Cela devrait sans doute être vrai. Or, justement, cela ne l'est pas. Une observation attentive a permis de constater que souvent le chat, alors qu'il souffre, met bas, est blessé ou même à l'agonie, ronronne fort et longuement. Difficile, en l'occurrence, de prétendre que l'on a affaire à un chat content! Certes, il est vrai qu'un chat satisfait ronronne aussi, mais son bien-être est loin d'être la seule et unique condition pour l'amener à cet état. En revanche, ce qu'on peut affirmer, sans craindre de généraliser, c'est que le ronronnement est le signe d'un animal bien disposé. Par ce signe, un chat blessé peut, par exemple, indiquer au vétérinaire qu'il a *besoin* d'amitié, ou remercier son maître de l'amitié qu'il lui porte.

Les chatons ont une semaine à peine quand le ronron apparaît pour la première fois et son usage élémentaire est lié au moment où ils tètent leur mère. C'est comme un signe qu'ils lui adressent pour lui dire que tout va bien et que la ration de lait a bien atteint sa destination. La chatte peut alors rester couchée, à écouter les ronronnements reconnaissants, et elle sait sans avoir à le vérifier que tout va bien. A son tour, elle ronronne pour ses petits qui tètent, afin de leur faire savoir qu'elle aussi est détendue et dans de bonnes dispositions. Le ronronnement entre chats adultes (et entre chats adultes et individus humains) est presque certainement un usage secondaire, dérivé de son contexte primitif parent-progéniture.

Entre les chats de petite taille, comme nos espèces domestiques, et les félins, comme les lions et les tigres, il existe une différence non négligeable : ces derniers, en effet, ne savent pas bien ronronner. Le tigre vous accueille avec une sorte d'amical « ronron à un temps » – une sorte de vibration – mais il ne peut émettre le ronron à deux temps du chat domestique, qui produit comme un ronflement continu non seulement à chaque expiration (comme le tigre), mais aussi à chaque inspiration. Le ronronnement félin, avec son rythme à deux temps expiration-inspiration, peut être réalisé avec les mâchoires closes (ou refermées sur la mamelle), et se poursuivre sans effort pendant des heures, si les conditions sont favorables. En ce domaine, les chats de petite taille dament le pion à leurs cousins de format géant; mais les gros félins ont à leur actif une autre caractéristique intéressante qui leur permet de compenser : ils peuvent rugir – ce dont les petits chats sont proprement incapables.

Pourquoi le chat aime-t-il qu'on le caresse?

Parce qu'il considère les humains comme des « mamans chats ». Les chatons sont constamment léchés par leur mère durant les premiers jours de leur vie et la caresse humaine provoque le même effet sur leur fourrure que la langue maternelle. Pour le chaton, sa mère est « celle qui nourrit, nettoie et protège ». Les humains continuant d'assumer ce rôle auprès de leur chat bien après qu'il a quitté l'enfance, les animaux domestiques ne parviennent jamais totalement à l'âge adulte. Ils peuvent atteindre une taille normale ainsi que la maturité sexuelle mais, en esprit, ils restent des chatons dans leurs relations avec leurs maîtres humains.

C'est pourquoi les chats – même adultes – continuent de solliciter une attention maternelle de la part de leurs propriétaires, se frottant contre eux tout en les regardant longuement, attendant que la main pseudo-maternelle lisse et tire sur leur pelage, agissant à nouveau comme une énorme langue. Dresser et raidir la queue est un geste très caractéristique de leur part quand, au moment où ils viennent saluer leur « mère » d'adoption, ils se font caresser. En fait, ce geste, typique chez les jeunes lorsque leur vraie mère s'occupe d'eux, invite celle-ci à examiner la zone anale de ses petits.

Pourquoi le chat déchire-t-il le tissu de votre fauteuil préféré?

Réponse courante : l'animal fait ses griffes. C'est vrai, mais pas de la manière dont on se l'imagine communément. Son but est d'affûter certains points émoussés, un peu comme les humains qui essaient de remettre en état des lames ayant perdu de leur tranchant. Mais, que se passe-t-il en réalité? Ils se débarrassent des vieilles enveloppes usées sous lesquelles de nouvelles griffes, étincelantes, apparaissent. Cela ressemble plus à la mue d'un serpent qu'à l'affûtage d'un couteau de cuisine. Quelquefois, en passant la main à l'endroit du meuble où le chat a fait des dégâts, on trouve une griffe arrachée. On s'inquiète alors, on craint que la pauvre bête ne se soit pris une griffe dans un fil qui a résisté, qu'elle ne se soit fait mal à la patte. En fait, la griffe « arrachée » n'était qu'une vieille couche externe, prête à être abandonnée.

Les chats ne pratiquent pas cet « affûtage » en force avec les pattes de derrière. Pour celles-ci, ils se servent de leurs dents : ils mâchonnent les anciennes gaines afin d'en débarrasser leurs griffes arrière.

Deuxième fonction importante de cet affûtage des pattes de devant : exercer et renforcer le mécanisme qui permet de rétracter et de sortir les griffes, mécanisme fondamental quand il s'agit d'attraper des proies, de se battre contre un rival ou de grimper.

Une troisième fonction, ignorée de beaucoup de gens, consiste pour le chat à marquer de son odeur. En effet, des glandes spéciales se trouvent sous la face interne des pattes de devant, que l'animal frotte vigoureusement contre le tissu du mobilier qu'il agrippe en se faisant les griffes. Le mouvement rythmé, patte gauche, patte droite, imprime l'odeur à la surface du tissu qu'il imprègne, déposant ainsi sur les meubles sa signature. Voilà pourquoi c'est toujours votre fauteuil préféré qui est la victime privilégiée de ses attentions, car le chat réagit à votre odeur personnelle, à laquelle il ajoute la sienne. Certaines personnes achètent dans des boutiques spécialisées des « planches à griffes » coûteuses, que l'on a pris le soin de parfumer à l'herbe-aux-chats pour augmenter leur attrait. Il ne leur faudra guère de temps pour se rendre à l'évidence : dédaignant le nouvel objet destiné à cet usage, notre chat retournera bientôt se faire les griffes sur les meubles de la maison. Accrocher un vieux pull sur la « planche » peut éventuellement apporter une solution au problème, mais si le chat a déjà jeté son dévolu sur un fauteuil précis ou sur un endroit particulier de la maison, il sera extrêmement difficile de le faire changer d'habitude.

En désespoir de cause, certains propriétaires ont recours à une pratique cruelle, qui consiste à l'ablation des griffes. Hormis la douleur physique que l'intervention représente, cette mutilation a des répercussions psychologiques pour le chat qui se trouve gravement handicapé pour grimper, chasser : ceci est également vrai dans ses relations sociales avec les autres chats. Un chat sans griffes n'est plus un vrai chat.

Pourquoi le chat se met-il sur le dos quand il vous voit?

Si, en pénétrant dans une pièce où un chat est couché par terre, endormi, vous lui adressez quelques paroles amicales, peut-être le verrez-vous se mettre sur le dos, étirer ses pattes aussi loin que possible, faire jouer ses griffes et agiter doucement le bout de sa queue. Ce faisant, il ne vous quitte pas des yeux, pour juger de votre état d'esprit. Le chat vous offre ainsi une manifestation passive d'amitié, manifestation qu'il réserve en exclusivité aux intimes. Peu de chats prendraient le risque de gratifier un étranger d'un tel accueil, car la position sur le dos met l'animal dans une situation hautement vulnérable. En fait, c'est là un témoignage d'amitié. En agissant ainsi, le chat dit : « Je me retourne pour te montrer mon ventre et te prouver que j'ai suffisamment confiance en toi pour me mettre en ta présence dans cette position excessivement vulnérable. »

Un chat plus actif se précipiterait vers vous pour se frotter contre vos jambes en signe d'affection. Mais l'animal endormi, d'humeur paresseuse, préférera ce comportement nonchalant. Les bâillements, les pattes qu'on étire en se mettant sur le dos reflètent l'état de somnolence de l'animal, somnolence qu'il n'accepte de troubler que dans certaines limites – et pas plus. La légère contraction de la queue indique la présence d'un petit élément de conflit qui apparaît, et qui tient au désir de continuer à s'étirer en même temps que naît l'envie de sauter sur ses pattes pour aller à la rencontre du nouveau venu.

Pourtant, il ne convient pas toujours d'en conclure que le chat qui expose son ventre est prêt à vous laisser caresser la douceur de son flanc. Même s'il paraît vous y inviter, pareille tentative de votre part risque d'être accueillie par un coup de patte irrité sur la main amie. Le ventre est une région tellement bien protégée par le chat que tout contact à cet endroit lui est désagréable, sauf dans le cas où les relations entre l'animal et son maître ont atteint un très haut niveau d'intimité. Le chat accorde alors à sa famille humaine une telle confiance qu'elle peut faire de lui presque n'importe quoi. Mais pour un chat prudent, du type courant, toute approche de ses parties tendres se situe au-delà des limites permises.

Pourquoi un chat vient-il se frotter contre vos jambes pour vous saluer?

En partie, pour établir un contact physique amical entre vous, mais ce n'est pas tout. Le chat commence habituellement par se presser contre vous avec le sommet de sa tête ou le côté de son museau, puis avec le long de son flanc et peut finir en enroulant légèrement sa queue autour de vous. Après quoi, il lève les yeux et puis recommence, à plusieurs reprises parfois. Si vous penchez pour caresser l'animal, il se frotte plus fort, souvent en pressant contre votre main le côté de sa bouche, ou en poussant vers le haut avec le sommet de son crâne. Puis, son rituel de salutations accompli, il s'en va, s'assoit plus loin et se met à nettoyer son flanc.

Tous ces éléments ont un sens particulier. Que fait le chat, essentiellement? Il procède à un échange d'odeurs entre vous et lui. Des glandes spéciales se trouvent sur ses tempes et au coin de sa bouche. Une autre est située à la base de la queue. Sans que vous vous en rendiez compte, votre chat vous a marqué de son odeur grâce à ces glandes. Les senteurs félines sont trop subtiles pour nos nez grossiers, mais il est important que les membres de la famille, amis du chat, partagent avec lui leur odeur de cette manière. Ainsi, le chat se sentira plus chez lui avec ses compagnons humains. Et pour le chat, il est important aussi de décoder les signaux transmis par *nos* propres odeurs. C'est ce qui s'effectue au cours du frottement de son flanc en manière de salutation, puis lorsque le chat va s'asseoir et nous « goûte » avec sa langue – par le simple fait de lécher sa fourrure, qu'il vient de frotter avec tant d'application contre nos jambes.

Pourquoi certains chats sautillent-ils sur leurs pattes arrière pour vous accueillir?

Quand il doit s'ajuster à ses compagnons humains, un des problèmes du chat, c'est la taille : nous sommes beaucoup trop grands pour lui. Il entend notre voix qui lui arrive, semble-t-il, des hauteurs et trouve difficile d'accueillir d'une manière ordinaire pareil géant. Comment faire pour procéder aux salutations en usage chez les chats, qui consistent à frotter leur visage l'un contre l'autre? De toute évidence, ce n'est pas possible. Ils doivent se contenter de se frotter contre nos jambes ou contre une main tendue. Mais il est dans leur nature d'adresser leurs salutations de préférence vers la région de la tête, et ils esquissent un petit geste d'intention dans ce sens – le bond avec les pattes raidies, celles de devant quittant en même temps le sol, soulevant le corps pour un bref instant avant de le laisser retomber dans sa position habituelle à quatre pattes. Ce saut de salutation est le signe d'une survivance de ce contact tête à tête.

En faveur de cette interprétation, nous trouvons une indication dans la manière dont les petits chatons accueillent quelquefois leur mère lorsqu'elle rentre au bercail. S'ils ont suffisamment grandi pour que leurs pattes soient assez fermes et leur permettent de « sautiller », les chatons esquisseront le même mouvement sous une forme plus modeste, en poussant leurs têtes en direction de celle de leur mère. Dans ce cas, la distance n'étant pas longue, elle leur vient en aide en baissant la tête vers eux. Mais l'amorce du sautillement est bien visible.

Comme pour toutes les salutations avec frottement, le contact tête à tête est une méthode des félins pour mélanger les odeurs personnelles et les transformer en odeurs partagées par la famille. Certains chats utilisent leur sens de l'initiative pour recréer un meilleur contact tête à tête avec leurs amis humains. A la place du petit saut symbolique un peu tristounet, ils bondissent sur un meuble à proximité du nouveau venu et se servent de cette position élevée pour obtenir un résultat plus conforme au frottement entre deux faces.

Pourquoi le chat vous pétrit-il les genoux avec ses pattes de devant?

Tous ceux qui ont un chat ont fait l'expérience suivante : l'animal saute sur leurs genoux et s'installe avec des gestes précautionneux. Après une courte pause, il appuie une patte de devant puis l'autre, les alternant dans une sorte de massage ou de piétinement cadencé. Le rythme est lent et mesuré, comme si le chat battait la mesure au ralenti. Lorsque le geste se fait plus intense, on sent percer les griffes. Le maître commence alors à s'énerver et chasse l'animal, ou le soulève doucement pour le déposer par terre. Le chat n'apprécie visiblement pas cette rebuffade, et ses maîtres sont à leur tour décontenancés lorsqu'ils se rendent compte, en époussetant quelques poils de chat, que l'animal a, en plus, bavé tout en accomplissant ce piétinement. Qu'est-ce que cela signifie?

Pour trouver la réponse il faut observer les chatons à la mamelle. Là, les mêmes gestes peuvent être observés, quand les petites pattes des chatons se mettent à malaxer le ventre de leur mère. Ces mouvements stimulent l'afflux du lait vers les mamelons, et la bave fait partie de la salivation à l'idée de la délicieuse nourriture à venir. Ce « pétrissage » des mamelles s'exécute à un rythme très lent, environ un coup toutes les deux secondes, et s'accompagne toujours d'un ronronnement retentissant. Alors, que se passe-t-il quand l'animal adulte se met à pétrir les genoux de son maître? Il faut en fait interpréter ce geste comme une résurgence de ce comportement infantile. Il semble que lorsque le propriétaire du chat s'assoit d'une manière décontractée, un certain type de signaux parviennent au chat, lui disant : « Je suis ta mère et je m'installe pour te donner à téter. » Le chat adulte régresse alors jusqu'à l'état de chaton et vient se tapir contre lui, ronronnant de satisfaction et accomplissant les gestes qui stimulent la lactation.

Du point de vue du chat, c'est un moment plein de chaleur, d'amour, et il doit trouver tout à fait inexplicable d'être chassé par son maître, que le bout de ses griffes a irrité. Une bonne chatte n'aurait jamais eu un comportement aussi négatif envers ses petits! Vraiment, les gens réagissent d'une manière très différente... Aux yeux du chat, les humains sont manifestement des images maternelles, puisqu'ils lui procurent le lait (dans une soucoupe) et d'autres aliments, et, quand ils s'assoient, ils lui montrent leur ventre comme pour les inviter. Mais dès que la réaction juvénile du pétrissage survient, les voilà brusquement qui s'énervent de manière déroutante, et ils rejettent loin d'eux le pseudo-nourrisson.

C'est là un exemple classique, où les interactions entre humains et chats peuvent entraîner des malentendus. Ceux-ci seraient évités, en admettant une fois pour toutes le fait qu'un chat domestique adulte demeure, dans son comportement envers son maître pseudo-parental, ni plus ni moins qu'un chaton.

Pourquoi le chat enterre-t-il ses déjections?

Ce geste est sans cesse cité en exemple pour prouver la propreté méticuleuse du chat. Les propriétaires de chiens malpropres se voient souvent rappeler ce fait par des propriétaires de chats, qui en profitent alors pour souligner la supériorité de la race féline sur la canine. Interpréter comme un signe de propreté, comme cela se fait communément, cette habitude des chats d'enterrer leurs déjections de leur part ne résiste pas, quoi qu'il en soit, à l'analyse.

La vérité, c'est que les chats procèdent ainsi afin de limiter la propagation de leur odeur. Enterrer ses déjections est le geste d'un chat dominé, un chat craintif à cause de son rang hiérarchique. Cela a été prouvé lorsqu'on a examiné de près la vie sociale des chats harets. On a découvert que les mâles dominants, loin d'enfouir leurs déjections, les déposaient en fait bien en vue sur de petites buttes, ou sur tout autre point élevé de leur environnement, où l'odeur pouvait se diffuser alentour avec un effet maximal. Seuls les chats les plus faibles, les plus soumis enterraient leurs déjections. Le fait que nos petits compagnons semblent toujours prendre autant de soin à les dissimuler indique à quel point ils se considèrent comme dominés par nous (et peut-être aussi par les autres chats du voisinage). Cela n'est guère surprenant. Physiquement, nous sommes plus forts qu'eux et nous contrôlons totalement cet élément primordial dans la vie d'un félin : la nourriture. Notre domination remonte au temps de son enfance, et n'a jamais été sérieusement mise en doute. Si même les grands félins, comme les lions, peuvent être maintenus toute leur vie dans cette subordination par des maîtres bienveillants, comment s'étonner qu'un petit chat domestique soit intimidé par nous et que, pour cette raison, il fera bien attention à recouvrir scrupuleusement ses déjections?

Évidemment, une couche de terre ou de litière ne suffit pas à éclipser tout à fait l'odeur, mais cela la réduit d'une façon considérable. De cette manière, le chat peut continuer à faire connaître sa présence par ses odeurs, mais pas au point de constituer une sérieuse menace.

Pourquoi le chat passe-t-il autant de temps à faire sa toilette?

Pour rester propre, sans doute? Certes, mais la toilette du chat ne se limite pas à cela. En plus de la débarrasser de la poussière, de la terre ou des vestiges du dernier repas, le léchage répété de la fourrure permet de la lustrer, de sorte qu'elle constituera une couche isolante plus efficace. Un pelage tout hérissé n'assure pas une très bonne climatisation, ce qui peut avoir des conséquences désastreuses pour le chat quand il fait froid.

Le froid n'est pas le seul problème. Les chats ont facilement trop chaud en été et les séances de toilette se multiplient pour une raison très particulière. Contrairement à nous, les chats ne possèdent pas de glandes sudoripares sur tout le corps. Ils ne peuvent pas transpirer pour se rafraîchir rapidement. Le halètement est un palliatif, mais il ne suffit pas. La solution est de lécher à maintes reprises la fourrure pour y déposer autant de salive que possible. Celle-ci, en s'évaporant, va jouer le même rôle que la sueur sur notre peau.

Lorsque les chats sont allés au soleil, ils procèdent à une toilette encore plus longue. Ce n'est pas, comme on pourrait le croire, simplement parce qu'ils ont encore plus chaud, mais parce que l'action du soleil sur leur fourrure sécrète la précieuse vitamine D. Le va-et-vient de leur langue sur leur pelage chauffé par le soleil leur permet d'acquérir du même coup ce complément indispensable à leur menu quotidien.

Autre circonstance où la toilette s'intensifie encore : quand le chat est inquiet. On appelle cela une toilette de substitution, et l'on croit qu'elle aurait pour effet de l'aider à soulager la tension causée par certaines rencontres difficiles. Lorsque nous sommes dans une situation de conflit, ne nous arrive-t-il pas de nous « gratter la tête »? Dans les mêmes circonstances, le chat lèche sa fourrure.

Le maître qui tient son chat contre lui pour le dorloter sait quel va être le comportement de l'animal dès qu'il quittera le contact humain. Il s'éloigne, s'assoit puis, presque systématiquement, il commence à se lécher. Pourquoi? En partie, pour lustrer sa fourrure tout hérissée, mais ce n'est pas là la seule raison. En tenant le chat, vous lui avez communiqué votre odeur et celle-ci, dans une certaine mesure, masque celle du chat. En procédant à sa toilette, l'animal rétablit l'équilibre : il amoindrit votre odeur et renforce la sienne à la surface de son corps. Si, dans notre vie, les signaux visuels prédominent, dans le monde du chat, odeurs et parfums sont beaucoup plus importants. Une surdose d'odeurs humaines sur son pelage le dérange et il est urgent d'y remédier. En outre, tout en léchant la fourrure que vous avez caressée, le chat a le plaisir de vous « goûter » et de décoder les signaux que lui transmet l'odeur de vos glandes sudoripares. Car, si *nous* ne sentons pas l'odeur de nos mains, un chat, lui, en est capable.

Enfin, le tiraillement vigoureux des poils, qui fait partie intrinsèque de la toilette du chat, joue un rôle particulier, du fait qu'il stimule les glandes de la peau qui se trouvent à la base de chaque poil. Les sécrétions de ces glandes sont indispensables pour conserver l'imperméabilité de la fourrure et ce tiraillement provoqué par la petite langue laborieuse augmente d'autant plus la protection de son pelage contre la pluie.

La toilette n'équivaut pas à un simple souci de propreté. Lorsqu'il lèche sa fourrure, le chat se protège, non seulement contre la poussière et la maladie, mais aussi contre l'exposition au froid, une chaleur excessive, un manque de vitamines, la tension sociale, les odeurs étrangères – et pour éviter d'être trempé jusqu'aux os. Comment s'étonner, dès lors, qu'il consacre une aussi grande partie de son temps de veille à ce type de comportement?

Cette activité, du reste, contient un risque. Les chats qui muent et ceux à très longs poils accumulent vite de grandes quantités de poils à l'intérieur de leur tube digestif. Ces pelotes de poils peuvent obstruer l'intestin. En général, les chats les régurgitent sans problème, mais si elles deviennent trop volumineuses, elles peuvent présenter un grave danger. Les chats de tempérament nerveux, qui se livrent souvent à une toilette de substitution, absorbent des quantités de poils encore plus grandes. Afin de leur venir en aide, il est nécessaire de trouver ce qui provoque leur inquiétude et d'essayer d'y remédier. Pour les chats qui muent et ceux à longs poils, la seule prévention possible consiste en un toilettage régulier, effectué avec une brosse et un peigne par le propriétaire du chat, afin de retirer l'excès de poils.

Le chaton commence à faire seul sa toilette lorsqu'il a environ trois semaines, mais sa mère prend soin de sa fourrure dès la naissance. Se faire toiletter par un autre chat s'appelle l'« allotoilettage », par opposition à la toilette personnelle techniquement désignée par le terme d'« autotoilettage ». L'allotoilettage est courant, non seulement entre mère et chaton, mais aussi entre chats adultes élevés ensemble et qui ont établi entre eux un lien social étroit. Sa fonction première n'est pas d'assurer une propreté mutuelle, mais plutôt de cimenter une relation amicale existant entre les deux animaux. De même, lécher une région difficilement accessible pour le chat lui-même présente un attrait particulier, et les chats sont très sensibles aux attentions qu'on leur accorde derrière les oreilles. C'est pourquoi les chatouilles et le frottement appliqués dans cette zone précise constituent une forme de contact appréciée des maîtres et des chats.

Lorsque le chat s'offre le luxe d'une séance complète de « nettoyage-brossage », les gestes de l'autotoilettage se déroulent en principe selon un ordre bien arrêté. Voici quel en est plus ou moins le déroulement normal :

1. Lécher la bouche.
2. Lécher le côté d'une patte jusqu'à ce qu'il soit humide.
3. Frotter la patte humide sur la tête, oreille, œil, joue et menton compris.
4. Mouiller l'autre patte de la même manière.
5. Passer la patte humide sur ce côté-là de la tête.
6. Lécher les pattes avant et les épaules.
7. Lécher les flancs.
8. Lécher les organes génitaux.
9. Lécher les pattes arrière.
10. Lécher la queue de la base jusqu'à l'extrémité.

Si, à un moment quelconque de ce processus, un obstacle se présente – des poils emmêlés, par exemple – le léchage est provisoirement abandonné et remplacé par un grignotage localisé. Puis, quand tout est net, la toilette reprend. Le grignotage du pied et des griffes est particulièrement fréquent, pour retirer la terre et améliorer l'état des griffes. Cette partie compliquée de la toilette diffère de ce que l'on voit chez beaucoup d'autres mammifères. Rats et souris, par exemple, se servent de toute la surface de leurs pattes avant pour se nettoyer la tête, alors que les chats n'utilisent que le côté de la patte et la partie située au-dessus. En outre, les rongeurs s'accroupissent sur leurs pattes arrière et se nettoient avec les deux pattes avant en même temps. La technique des félins, en revanche, consiste à faire appel alternativement à chaque patte antérieure, tout en faisant reposer leur corps sur celle qui n'est pas active. Les observateurs humains ont rarement commenté ces différences de comportement, se contentant simplement de remarquer que l'animal se lave. En réalité, une observation plus attentive révèle que chaque espèce procède à une série de gestes caractéristiques et complexes.

Pourquoi le chat remue-t-il la queue?

La plupart des gens s'imaginent que si un chat remue la queue, c'est qu'il est en colère. Mais ce n'est là qu'une vérité tronquée. La vérité, c'est que le chat est dans un état de conflit. Il veut faire deux choses à la fois, mais chaque impulsion bloque l'autre. Par exemple, si le chat miaule la nuit pour qu'on le laisse sortir et que la porte s'ouvre sur une pluie torrentielle, l'animal peut se mettre à remuer la queue. S'il plonge alors dans la nuit pour rester un moment sous l'averse avec un air de défi en se faisant tremper, la queue s'agitera encore plus furieusement. Enfin il se décidera : il se précipitera pour regagner l'abri confortable de la maison, ou bien en dépit des conditions climatiques, il se mettra courageusement à patrouiller sur son territoire. Dès qu'il aura résolu ce conflit, dans un sens ou dans l'autre, la queue cessera immédiatement de remuer.

Dans pareil cas, il ne conviendrait pas, pour décrire son état d'esprit, de dire qu'il est en colère. La colère implique une impulsion d'attaque frustrée, mais le chat sous la pluie n'est pas agressif. C'est son désir d'explorer qui est frustré, le frustrant du même coup de son désir violent de demeurer au chaud et au sec. Lorsque les deux impulsions s'équilibrent, le chat ne peut suivre ni l'une ni l'autre. Tiraillé en même temps dans deux directions différentes, il reste immobile et remue la queue. Deux impulsions contradictoires produiront toujours le même effet, et c'est seulement lorsque l'une correspond au besoin d'attaquer – frustré par la peur ou tout autre sentiment contraire – que l'on peut dire que le chat remue la queue parce qu'il est en colère.

Si remuer la queue, chez les chats, représente une situation de conflit aigu, comment est né ce mouvement? Pour comprendre ce processus, observez un chat essayant de trouver son équilibre sur une étroite corniche. S'il se sent sur le point de basculer, il balance rapidement la queue sur le côté, agissant comme s'il possédait un balancier. Si vous tenez un chat sur vos genoux et que vous le faites doucement basculer vers la gauche, puis vers la droite, en alternant le mouvement, vous le verrez balancer sa queue en cadence, d'un côté, puis de l'autre, comme s'il l'agitait au ralenti. Voilà comment ce mouvement de queue, qui apparaît dans les états d'esprit conflictuels, est né. Comme les deux impulsions contradictoires tiraillaient le chat dans deux directions opposées, la queue a réagi comme si le corps de l'animal basculait dans un sens, puis dans l'autre. Au cours de son évolution, le balancement de la queue est devenu un signal utile dans le langage corporel des chats; en s'accélérant, il est devenu plus apparent et immédiatement reconnaissable. Il est aujourd'hui tellement plus rapide et plus cadencé qu'un mouvement ordinaire d'équilibre accompli par la queue, qu'au premier regard l'on peut dire sans peine que le conflit qui agite l'animal est émotionnel plutôt que purement physique.

Pourquoi le mâle arrose-t-il d'urine le mur du jardin?

Les matous marquent leur territoire en projetant un puissant jet d'urine vers l'arrière, sur des éléments verticaux de leur environnement. Ils prennent pour objectifs des murs, des buissons, des souches d'arbres, des poteaux de clôture ou tout point de repère qui semble fixe. Ils sont particulièrement attirés par les endroits qu'eux-mêmes, ou d'autres chats, ont arrosés précédemment, ajoutant leur nouvelle odeur aux traces des anciennes qui s'y trouvent.

L'urine des matous est connue pour avoir une odeur forte, au point que même les narines humaines, qui ne repèrent pourtant pas grand-chose, ne peuvent en ignorer la présence, au grand dam du propriétaire des dites narines. Pour les humains, c'est une odeur particulièrement désagréable et beaucoup de gens en viennent à faire châtrer leurs matous afin de diminuer cette activité. D'autres odeurs félines sont très difficiles à détecter par les hommes. Ainsi, les glandes situées sur la tête, qu'ils frottent contre des objets pour y déposer une autre forme de marquage, émettent une odeur qui a beaucoup d'importance pour les chats, mais reste totalement inaperçue de leurs propriétaires.

Certains spécialistes ont affirmé que les projections d'urine sont comme un signal d'avertissement adressé par le chat à ses rivaux. Toutefois, les preuves tangibles manquent ici, et de longues heures d'observation sur le terrain n'ont jamais apporté de réactions permettant de corroborer ce point de vue. Si l'odeur déposée sur les points de repère était véritablement une menace pour d'autres chats, elle devrait les intimider quand ils la reniflent. Ils devraient reculer parce qu'ils ont peur, paniquer, et s'en aller en rasant les murs. Or, leur réaction est inverse. Au lieu de se retirer, ils sont particulièrement attirés par les marques à l'odeur, qu'ils reniflent avec le plus grand intérêt.

S'il n'est pas une menace, que signifie le marquage à l'odeur d'un territoire? Quels signaux transmet-il? En fait, il fonctionne plus ou moins comme une gazette. Chaque matin, nous lisons le journal pour rester au courant de ce qui se passe dans notre monde humain. Les chats, de leur côté, parcourent leur territoire et, en reniflant les marques, ils savent tout sur les allées et venues de la population féline locale. Ils peuvent vérifier combien de temps s'est écoulé depuis leur dernier passage (par le degré d'intensité de leur dernière projection d'urine), relever les signes laissés par l'odeur de ceux qui sont passés et ont aspergé l'endroit, de même qu'ils peuvent estimer le moment de ce passage. Chaque arrosage fournit également un certain nombre d'informations sur l'état émotionnel et l'identité de l'arroseur. Lorsque le chat décide de procéder lui aussi à un nouvel arrosage, cela équivaut, dans son langage, à écrire une lettre de lecteur à son journal favori, publier un poème, et laisser sa carte de visite – le tout exprimé par un simple jet d'urine.

Certains pourraient trouver que le concept de la signalisation à l'odeur est un peu tiré par les cheveux, que l'arrosage d'urine par les chats est simplement leur méthode pour débarrasser leur corps de produits de déchets, et que tout cela n'a aucune signification. Si le chat a la vessie pleine, il asperge; s'il a la vessie vide, il n'asperge pas. Or, les faits viennent contredire ces affirmations. Une observation attentive montre que les chats accomplissent des actes réguliers d'arrosage selon une routine préétablie, indépendamment de l'état de leur vessie. Si elle est pleine, chaque jet sera généreux. Si elle est presque vide, l'urine sera rationnée. Mais le nombre de jets et les endroits du territoire qui sont marqués à l'odeur restent les mêmes, quelle que soit la quantité de liquide absorbée par le chat. En fait, si le chat a épuisé ses réserves d'urine, il continuera sa promenade, visitant laborieusement chaque repère d'odeur, lui tournant le dos, tendant sa queue qui tressaille, avant de repartir. L'acte d'aspersion a sa propre motivation, tout à fait indépendante, qui indique clairement son importance dans la vie sociale des félins.

Bien qu'en général on ne s'en rende pas compte, les femelles et les châtrés des deux sexes projettent également des jets d'urine, tout comme les matous. Avec la seule différence que ce geste est moins fréquent chez eux et que leur odeur est moins éprouvante. Aussi les remarquons-nous à peine.

Quelle est la superficie du territoire du chat?

Le pendant sauvage du chat domestique règne sur un territoire immense, les mâles pouvant contrôler jusqu'à 85 hectares. Les chats domestiques devenus sauvages, qui vivent dans des régions reculées où l'espace est illimité, couvrent aussi des surfaces impressionnantes. Les chats de ferme utilisent presque autant d'espace, les mâles dépassant les 75 hectares. Les chattes de ferme sont plus modestes, se contentant d'une huitaine d'hectares en moyenne. Dans les métropoles, les villes et les banlieues, la surpopulation féline est presque aussi importante que celle des hommes. Le territoire des chats urbains ne représente plus qu'une infime parcelle de l'espace dont jouissent leurs cousins ruraux. On estime, par exemple, que les chats qui vivent en liberté à Londres disposent chacun d'un dizième d'hectare à peine. Les animaux bichonnés dans la maison de leurs maîtres sont peut-être plus restreints encore, leur situation variant en fonction de la dimension du jardin jouxtant la maison. La densité maximale relevée est d'un chat familier pour 8 m^2.

Ces variations de superficie entre les territoires de félins prouvent combien le chat est un être souple. Comme les hommes, il peut s'adapter à un rétrécissement important de son sol sans que cela engendre chez lui une souffrance excessive. A partir des chiffres indiqués ci-dessus, on peut calculer que 8 750 chats de compagnie habitant en ville pourraient se partager le territoire d'un seul chat sauvage, habitant un coin reculé du globe. Le fait même que la vie sociale des chats, victimes de la surpopulation, ne devient ni désorganisée ni agressive, témoigne de leur grande tolérance réciproque. D'une certaine manière, cette constatation est surprenante, car on parle communément de la sociabilité des chiens, qu'on évoque toujours pour mieux souligner que les chats sont des solitaires, des asociaux. Ils peuvent choisir de l'être, mais étant donné la véritable gageure que représente la vie en tête-à-queue avec leurs congénères, force nous est de constater qu'ils s'en sortent d'une façon remarquable.

La clé de leur réussite dans ce domaine de la haute densité réside dans un certain nombre d'éléments. Le facteur le plus important est le fait que leurs maîtres assurent la nourriture. Cette contribution évite à l'animal la nécessité de longues randonnées de chasse quotidiennes. Le désir d'accomplir ces expéditions demeure – un chat bien nourri n'en est pas moins chasseur – mais sans la détermination que donne un ventre creux. S'il leur arrive d'avoir envahi le territoire d'un voisin, ils peuvent abandonner la chasse sans être tenaillés par la faim. Certes, le fait que leurs activités de chasseurs soient limitées aux dimensions étroites de leur propre domaine peut être frustrant, mais au moins nos petits hôtes ne risquent-ils pas de mourir d'inanition. On a pu démontrer que plus les chats étaient nourris par leurs maîtres, plus leur territoire urbain rétrécissait.

Un autre facteur les aide à cohabiter, c'est la manière dont les humains partagent leurs propres territoires, avec clôtures, haies et murs pour délimiter leurs jardins. Ces enceintes constituent des frontières naturelles, qui sont faciles à reconnaître et à défendre. De plus, une certaine dose de chevauchement entre deux territoires peut être admise. Les chattes ont souvent des endroits spéciaux où plusieurs aires se superposent et où elles peuvent se retrouver en terrain neutre. Les mâles, dont les territoires font toujours une dizaine de fois la taille de ceux des femelles, quel que soit le problème du surpeuplement local, se permettent beaucoup plus de débordement territorial. Chacun déambule sur un secteur qui comprend plusieurs territoires de femelles, ce qui lui permet de les avoir à l'œil et de savoir exactement à quel moment elles sont en chaleur.

Le chevauchement des territoires est permis parce que les chats parviennent, en principe, à s'éviter quand ils font la ronde des repères situés sur leur bout de terrain. Si, par hasard, deux d'entre eux se retrouvent nez à nez, ils peuvent se montrer menaçants ou simplement s'éviter mutuellement, chacun guettant les mouvements de l'autre et attendant son tour pour visiter un point particulier du territoire.

Le nombre des chats de compagnie est contrôlé, bien entendu, par les maîtres, qui font châtrer les mâles, détruisent les portées indésirables, vendent ou donnent les chatons en surnombre. Mais comment les accords territoriaux entre chats harets survivent-ils à l'arrivée inévitable d'une progéniture? Une étude détaillée, portant sur des chats habitant dans le quartier des docks d'un grand port, a révélé que quatre-vingt-quinze chats vivaient sur une superficie de 105 hectares. Chaque année, ils donnaient naissance à quelque 400 chatons. C'est un chiffre élevé, représentant une dizaine de petits par femelle, ce qui voudrait dire que chaque chatte a eu en moyenne deux portées. En théorie, cela devrait signifier que la population féline quintuple chaque année. Or, en pratique, on a pu constater que celle-ci restait remarquablement stable d'une année sur l'autre. Les animaux avaient convenu d'une dimension territoriale appropriée pour le monde clandestin du quartier des docks qu'ils habitaient, et ils s'y tenaient. Une enquête plus approfondie a permis de se rendre compte que le huitième seulement des chatons atteignait l'âge adulte. Ces cinquante membres supplémentaires chaque année se trouvaient compensés par la mort de cinquante vieux chats. Les accidents mortels de la route, comme pour la plupart des chats vivant en zone urbaine, constituaient, en l'occurrence, la principale cause de mortalité.

Le chat est-il un animal sociable?

On décrit souvent le chat comme un animal égoïste, solitaire, qui déambule seul, et ne se mêle aux autres chats que pour se battre ou s'accoupler. Quand ces animaux vivent en liberté, avec un vaste espace autour d'eux, il est vrai qu'ils correspondent assez bien à cette image. Mais ils sont capables de changer de comportement lorsqu'ils vivent plus à l'étroit. En ville, et à l'intérieur de la maison de leurs maîtres, ils font preuve d'un degré de sociabilité remarquable et surprenant.

Ceux qui en doutent doivent, avant toute chose, se souvenir que, pour nos chats d'intérieur, nous sommes nous-mêmes des chats géants. Le fait même que le chat domestique puisse partager le foyer d'une famille humaine est en soi la preuve d'une grande souplesse sur le plan relationnel. Mais ce n'est là qu'un aspect des choses. A bien des égards, les chats font preuve d'un esprit de solidarité, d'entraide et de tolérance. Ces qualités sont particulièrement remarquables quand une femelle met bas. On a vu des chattes tenir lieu de sages-femmes, aider à sectionner le cordon ombilical, puis nettoyer les nouveau-nés. Par la suite, elles peuvent proposer leurs services pour la garde des enfants, apporter à manger à la jeune accouchée, et parfois nourrir des petits ne faisant pas partie de leur portée. Même les mâles manifestent occasionnellement un certain sentiment paternel en procédant à la toilette des chatons et en jouant avec eux.

Ce ne sont pas là des gestes fréquents, mais, en dépit du fait qu'ils surviennent d'une façon exceptionnelle, ils révèlent que le chat est capable, dans des circonstances données, de se conduire avec moins d'égoïsme qu'on ne pourrait s'y attendre.

Le comportement territorial implique aussi, jusqu'à un certain point, la mesure et le partage. Les chats s'appliquent à s'éviter mutuellement, et fréquentent souvent les mêmes aires à des moments différents afin de réduire les risques de conflits. De plus, ils ont des zones tampons spéciales, où les « amicales » du quartier peuvent tenir leurs réunions en terrain neutre. Ce sont des secteurs de l'environnement où, pour certaines raisons, les chats conviennent d'une trêve générale et se rassemblent sans trop se battre. Cette attitude est fréquente chez les harets des villes, dans un lieu où la nourriture peut être particulièrement abondante. Ainsi, si des humains leur jettent de la nourriture, ces chats vagabonds peuvent se rassembler pacifiquement à cet endroit pour la partager. Une proximité étroite est tolérée d'une manière qui paraîtrait impensable dans les habitats d'origine de ces chats.

Compte tenu de ces éléments, des spécialistes ont été jusqu'à soutenir que les chats sont des animaux vraiment grégaires, qui forment une société beaucoup plus solidaire que celle des chiens. Mais c'est une exagération romantique. La vérité, c'est que, en matière de vie sociale, les chats sont des opportunistes. Ils peuvent vivre avec la société ou sans elle. Les chiens, en revanche, ne peuvent vivre en dehors d'elle. Un chien solitaire est une bête misérable. Un chat solitaire est, à tout le moins, soulagé qu'on lui fiche la paix.

En ce cas, comment expliquer les exemples d'entraide

mentionnés ci-dessus? Certains tiennent à ce que nous avons fait de nos chats domestiques de gros chatons. En continuant à les nourrir et à nous occuper d'eux, nous avons prolongé leurs qualités juvéniles jusque dans leur vie d'adulte. Tel Peter Pan [1], ils ne grandissent plus mentalement, même si, sur le plan physique, ce sont des adultes accomplis. Or, les chatons sont joueurs et affectueux avec leurs compagnons de portée de même qu'avec leur mère; ils ont alors l'habitude d'agir ensemble à l'intérieur d'un petit groupe. Cette qualité peut venir s'ajouter à leurs activités au long de leur vie d'adulte, les rendant moins solitaires et acharnés dans la compétition. En second lieu, ces chats qui vagabondent librement dans les villes, où l'espace est restreint, s'adaptent de force, et non par goût, à la dimension réduite de leur territoire.

Certains animaux ne peuvent vivre que dans des groupes sociaux aux liens très étroits. D'autres ne peuvent mener qu'une existence complètement solitaire. La souplesse du chat lui permet de se plier à l'un ou l'autre mode de vie. C'est là précisément le secret de sa réussite au cours de sa longue histoire, puisqu'il commença à être domestiqué il y a quelques milliers d'années.

1. *Peter Pan ou le petit garçon qui ne voulait pas grandir,* conte anglais de J.-M. Barrie paru en 1905.

Pourquoi le chat miaule-t-il sans arrêt pour qu'on le laisse sortir, pour miauler ensuite pour qu'on le laisse rentrer?

Les chats détestent les portes. Dans l'histoire évolutive des félidés, les portes ne passent tout simplement pas : elles restent une énigme. Elles sont là, constamment, à leur couper la route pendant leur ronde, les empêchent d'explorer leur domaine et de retourner ensuite selon leur gré à la sécurité de leur quartier général. Les humains ne comprennent pas toujours que le chat puisse avoir besoin de donner seulement un bref coup d'œil à son territoire, avant de rentrer au logis, disposant alors des informations nécessaires sur les faits et gestes des autres chats du quartier. Il aime accomplir ces tournées d'inspection à intervalles fréquents, mais ne tient pas à rester dehors très longtemps, à moins qu'un changement particulier et inattendu soit intervenu dans l'état de la population féline locale.

La conséquence de ce besoin est ce que l'on pourrait prendre pour de la perversité de la part de nos chats d'intérieur. Quand ils sont dedans, ils veulent sortir; quand ils sont sortis, ils veulent rentrer. Si le maître n'a pas fait installer une petite chattière sur la porte de derrière, il va faire l'objet de sollicitations incessantes, l'obligeant à prêter la main à son chat pour que celui-ci puisse accomplir ses tours réguliers du propriétaire. Une des raisons pour lesquelles ces vérifications répétées du monde environnant sont aussi importantes tient au système même du marquage à l'odeur. Chaque fois qu'un chat se frotte contre un repère situé sur son territoire, ou qu'il l'asperge d'urine, il laisse une odeur personnelle qui, immédiatement, commence à perdre de son pouvoir. Ce déclin s'effectue à une certaine vitesse, toujours la même, et, grâce à ce message, d'autres chats peuvent déterminer depuis combien de temps tel repère n'a pas été frotté ou aspergé. Les tournées répétées du chat, pour inspecter son territoire, sont motivées par le besoin de réactiver l'odeur volatile des signaux. Dès que sa tâche est accomplie, confort et sécurité lui tendent à nouveau les bras... et la face inquiète de notre petit félin apparaît pour la énième fois derrière le carreau.

Quels sont les signaux que le chat envoie avec ses oreilles?

Contrairement aux humains, les félins ont des oreilles très expressives. Non seulement, elles changent de direction quand l'animal écoute des sons provenant de sources différentes, mais elles prennent également des poses spéciales qui reflètent leur état émotionnel.

Il y a cinq signaux de base, liés aux états suivants : détente, alerte, inquiétude, défense, agressivité.

Chez le chat détendu, l'ouverture des oreilles pointe vers l'avant, légèrement tournée vers l'extérieur, permettant à l'animal de saisir tranquillement des sons intéressants sur un champ très large.

Lorsque le chat trouble son repos pour s'occuper d'un détail particulier de son environnement, la position de l'oreille change pour se mettre en « mode d'alerte ». Tandis qu'il fixe des yeux un point particulier, ses oreilles se redressent complètement et pivotent, de sorte que les ouvertures pointent droit en avant. Les oreilles sont maintenues dans cette position aussi longtemps que le chat garde le regard braqué droit devant lui. Seul un bruit soudain sur le côté de l'animal peut apporter un changement, auquel cas une oreille peut accomplir une brève rotation dans cette direction, sans que le regard faiblisse.

Un chat inquiet, se trouvant dans une situation de conflit, de frustration ou d'appréhension, a souvent des crispations nerveuses des oreilles. Chez certaines espèces de chats sauvages, cette réaction est rendue encore plus visible par l'apparition de longs pinceaux de poils au bout des oreilles. Le chat domestique est dépourvu d'un pareil raffinement et la crispation d'oreille est elle-même moins fréquente. Des petits pinceaux poussent parfois chez certaines races, en particulier chez l'abyssin, qui possède une tache de poils sombres au bout de l'oreille. Cela dit, à côté des énormes touffes que les oreilles de certaines espèces arborent, comme le caracal, ces ornements restent bien modestes.

Un chat sur la défensive a les oreilles complètement aplaties. Elles sont étroitement ramenées contre la tête, comme pour les protéger pendant les bagarres. Les oreilles déchirées, en loques, des matous batailleurs sont la preuve vivante de la situation dangereuse dans laquelle se trouve cette partie délicate de leur anatomie et de la nécessité impérieuse de les mettre le plus possible à l'écart des griffes de l'adversaire. Cette manière de replier les oreilles sur le haut les rend presque invisibles lorsqu'on regarde l'animal de face, et donne à sa tête un contour plus arrondi. Il existe une race étrange, le *fold écossais,* qui a les oreilles constamment aplaties, ce qui lui donne l'air d'être toujours sur la défensive, quelles que soient les circonstances. Les conséquences de cette particularité sur sa vie sociale sont difficiles à concevoir.

Un chat agressif, qui est hostile sans avoir particulièrement peur, tient ses oreilles dans une position qui lui est propre. Ici, les oreilles pivotent sans être complètement repliées. De face, l'*arrière* des oreilles devient visible; c'est là le signal le plus dangereux que peuvent transmettre les oreilles du chat. A l'origine, cette position est à mi-chemin entre l'alerte et la défensive; en d'autres termes, à mi-chemin entre les oreilles dressées vers l'avant et aplaties vers l'arrière. Le résultat, c'est cette position de baroudeur. « Prêt à l'attaque, dit le chat, et tu ne me fais pas assez peur pour que je replie mes oreilles, afin de les protéger. » La raison pour laquelle il montre de face le dos des oreilles tient au fait qu'elles doivent pivoter vers l'arrière avant qu'elles ne soient complètement aplaties. Elles se trouvent en position « prêtes au repli », pour le cas où l'adversaire oserait poursuivre les hostilités.

La position agressive de cet organe exposé a fait apparaître de jolies marques sur les oreilles de certains grands félins, en particulier chez le tigre, qui possède une grosse tache blanche cerclée de noir au dos de chaque oreille. Quand l'animal est en colère, son état d'esprit ne laisse planer aucun doute, car les deux taches d'un blanc éclatant pivotent et deviennent visibles. Là encore, je dois dire que les chats domestiques sont dépourvus de pareille coquetterie.

Comment les chats se battent-ils?

Quand ils vivent en liberté, les chats se battent rarement, puisqu'ils ont tout l'espace qu'il leur faut. Mais dans les zones urbaines et suburbaines où sévit la surpopulation, les territoires des félins se touchent les uns les autres et, souvent, se chevauchent. Par conséquent, les querelles sont nombreuses, qui dégénèrent souvent en de graves affrontements physiques, surtout entre matous rivaux. De temps à autre, ces duels peuvent aller jusqu'à l'assassinat ou à la mort de l'un des combattants par suite de ses blessures.

Le principal objectif de l'attaquant est de planter ses dents dans le cou de son rival; dans ce but, il adopte à peu près la même technique que pour tuer une proie. Seulement, son adversaire étant à peu près de taille et de force égales, il est rare que le coup mortel soit infligé. En fait, le plus poltron et le plus lâche des chats fera au moins quelques tentatives pour se défendre, et il est alors pratiquement impossible de lui mordre le cou.

Ce qu'il faut toujours garder à l'esprit, c'est que le plus féroce et le plus dominateur des mâles, quand il se lance à l'attaque de son adversaire, redoute que le sous-fifre terrorisé ne réagisse par une opération de la dernière chance. Acculée, la mauviette fera n'importe quoi, comme envoyer des coups de griffes qui risqueraient de blesser le chat dominateur et de l'handicaper dans sa vie de chasseur, voire dans sa survie même. C'est pourquoi un assaillant, aussi jusqu'au-boutiste soit-il, manifeste toujours de la peur mêlée à son agressivité lorsque se produit le moment crucial du contact physique.

Un combat type se déroule comme suit : l'animal dominateur repère un rival et s'approche de lui, adoptant une attitude visiblement menaçante; il marche avec les pattes tendues, de sorte qu'il paraît brusquement plus grand que d'habitude. Cette impression est accentuée par les poils qui se hérissent sur son dos. Comme la crête est plus grande vers l'arrière de l'animal, la ligne du dos se relève vers la queue. Toute cette mise en scène donne à l'attaquant une silhouette qui est exactement l'inverse de la forme accroupie du rival plus faible, dont le derrière est abaissé vers le sol.

Montrant le dos de ses oreilles, hurlant, grognant, gargouillant, l'attaquant avance au ralenti, guettant tout geste brusque de la part de son craintif ennemi. Les bruits qu'il produit sont d'une hostilité effarante, et l'on se demande comment quelque chose d'aussi agressif peut avoir été surnommé, en anglais, « le chant d'amour » du chat mâle. Cela en dit long, j'imagine, sur la vie amoureuse de ceux qui ont trouvé cette dénomination. Inutile de préciser que cela n'a strictement rien à voir avec la manière dont le chat fait sa cour.

Comme l'attaquant se trouve tout près de son rival, il fait un curieux mouvement de tête hautement caractéristique. A un mètre environ, il relève un peu la tête, puis l'incline d'un côté, sans quitter un instant des yeux son adversaire. Puis l'attaquant effectue lentement un autre pas en avant et incline la tête de l'autre côté. Cet épisode, qui peut se répéter plusieurs fois, semble être la menace d'une morsure au cou, cette manière de faire pivoter la tête signifiant en quelque sorte : « Voilà ce qui t'attend. » En d'autres termes, l'attaquant joue le « mouvement d'intention » d'attaque typique de son espèce.

Si deux chats de rang égal se rencontrent et se menacent mutuellement, il peut y avoir un long temps mort, chaque animal effectuant exactement la même approche lente, hostile, comme s'il répétait devant une glace. Plus ils se rapprochent, plus leurs mouvements ralentissent, deviennent plus courts, jusqu'à ce qu'ils restent figés sur place, dans une impasse totale qui peut durer plusieurs minutes. Durant tout ce temps, ils continuent de faire entendre leurs grognements et cris divers, mais aucun des deux ne semble avoir l'intention de capituler. Ils peuvent finir par se séparer l'un de l'autre avec des gestes incroyablement ralentis. Accélérer l'allure équivaudrait à admettre sa faiblesse et se traduirait par l'attaque immédiate de l'autre. Ils se retirent tous les deux avec des mouvements quasi imperceptibles afin de sauvegarder leur position hiérarchique.

Si ces menaces et contre-menaces devaient aboutir à un combat sérieux, cela commencerait par une tentative brutale de l'un des adversaires de mordre le cou de l'autre. Lorsque cela se produit, l'autre se retourne aussitôt et se défend, lui aussi, avec ses mâchoires, tout en donnant des coups avec ses pattes de devant, se cramponnant avec elles et administrant des grands coups avec ses puissantes pattes arrière. C'est le moment le plus chaud de la bagarre. Les grognements sont remplacés par des hurlements, tandis que les deux félins roulent l'un sur l'autre, se tordent dans tous les sens, mordent, griffent et donnent des coups de patte.

Cette phase ne dure pas très longtemps. La lutte est

trop intense. Les rivaux se séparent vite et reprennent l'échange de menaces, se fixant l'un l'autre, avec de nouveau des grognements de gorge. Ils retournent à l'assaut, plusieurs fois peut-être, jusqu'à ce que l'un des deux abandonne et reste allongé par terre, les oreilles complètement aplaties. Alors, le vainqueur se livre à une autre démonstration hautement caractéristique. Il se tourne à 90 degrés du vaincu et, avec beaucoup de concentration, il se met à renifler le sol, comme si en cet instant précis une odeur absolument irrésistible se dégageait. Quand il renifle, l'animal se concentre à tel point que, si ce n'était pas un élément permanent de toutes les batailles, on pourrait croire véritablement qu'il a repéré une odeur. Aujourd'hui, ce n'est plus qu'un geste rituel, une façon d'étaler sa victoire, en disant au rival tremblant que son acte de soumission et de capitulation a été accepté, que la bataille est finie.

Chaque bagarre n'est pas obligatoirement aussi dure. Des querelles moins violentes se règlent à coups de patte, les rivaux se frappant à toute volée, toutes griffes dehors. En frappant de cette façon à la tête du rival, ils parviennent quelquefois à régler leurs désaccords sans entrer dans le rituel complet du combat au corps à corps décrit ci-dessus.

Pourquoi le chat fait-il le gros dos quand il voit un chien étranger?

Si un chat se sent menacé par un gros chien, il se dresse sur toute la hauteur de ses pattes étirées en arrondissant son dos qui prend une forme incurvée. Le but de cette manifestation est évident : le chat veut avoir l'air le plus gros possible, pour essayer de convaincre le chien qu'il s'affronte à un adversaire redoutable. Pour comprendre l'origine d'une pareille démonstration, il faut regarder ce qui se passe quand deux chats se menacent. Si l'un d'eux se montre vivement hostile envers l'autre, et s'il n'a pas vraiment peur, il s'approche du second, les jambes raidies et le dos droit. Si son rival a très peur et n'éprouve aucune hostilité, il arrondit le dos et s'accroupit tout près du sol. Dans le cas où le chat s'approche d'un chien, il éprouve à la fois une vive agressivité *et* une peur profonde. C'est ce double état, conflictuel, qui engendre cette manifestation très particulière. Le chat emprunte l'élément le plus visible de sa réaction de colère – les jambes raidies – et l'élément le plus visible de sa réaction de peur – le dos arrondi – et il associe les deux pour donner un « chat élargi ». S'il avait emprunté les autres éléments – le dos aplati de la colère et la position accroupie de la peur – le résultat serait nettement moins impressionnant.

Pour s'aider dans sa transformation, non seulement l'animal étire les pattes et arrondit le dos, mais aussi il hérisse son poil et se présente de biais au chien. Ces quatre éléments associés constituent un déploiement compliqué avec une augmentation de taille maximale. Même si le chat recule un peu, ou avance en direction du chien, il veille à toujours se présenter de biais, étalant son corps sous les yeux du chien comme le tissu rouge qu'on agite sous l'œil du taureau.

Pendant cette démonstration, le chat siffle d'une façon inquiétante, comme un serpent, mais le sifflement se transforme en grognements sourds si ces avertissements se terminent par une attaque. Puis, quand il se lance effectivement contre le chien, il se met à « cracher » violemment. Les chats aguerris apprennent vite que la meilleure défense, lorsqu'ils se trouvent devant un chien hostile, c'est l'attaque, plutôt que la fuite. Mais il faut un certain culot pour le faire, quand le chien fait plusieurs fois le poids du chat. Pourtant, prendre ses pattes à son cou est beaucoup plus risqué, car, en adoptant la fuite, le chat réveille chez le chien l'instinct du chasseur. Pour le chien, un « objet qui fuit » signifie une seule chose : de la nourriture. Et il est difficile, une fois qu'il est déclenché, de changer l'état d'esprit d'un canidé qui chasse. Même si le chat en fuite s'arrête et fait une pause courageuse, l'espoir est mince. Gros dos ou pas, quand il est lancé, le chien ne pense qu'à tuer. En revanche, si le chat fait une pause dès le départ, dès l'instant où il rencontre le chien, il a une chance de venir à bout du molosse. En effet, en attaquant, le chat ne donne aucun des signaux habituels de la proie. Devant les griffes acérées prêtes à mettre en pièces sa truffe délicate, le chien préférera probablement battre en retraite avec dignité et laisser cette boule furieuse et sifflante vaquer à ses affaires. Ainsi, en ce qui concerne les chiens, plus le chat se montre téméraire, mieux il se porte.

Pourquoi le chat siffle-t-il?

Il n'est pas impossible que la ressemblance entre le sifflement du chat et celui du serpent ne soit pas accidentelle. Pour certains, le sifflement du félin est un exemple de mimique protectrice. En d'autres termes, le chat imite le serpent pour donner à l'ennemi l'impression que, lui aussi, il est venimeux et dangereux.

Les deux types de sifflement sont sans aucun doute très proches. Un chat menacé, face à un chien ou à un autre prédateur, émet un son qui est presque identique à celui d'un serpent en colère se trouvant dans la même situation. Or, les prédateurs ont le plus grand respect, et non sans raison, pour les serpents venimeux. Souvent, ils s'arrêtent assez longtemps pour laisser le serpent s'échapper. Cette hésitation procède en général d'une réaction innée. L'attaquant n'a pas besoin qu'on lui apprenne à éviter les serpents. Dans ce domaine d'ailleurs, l'apprentissage ne servirait pas à grand-chose, puisque la première leçon serait aussi la dernière. Si le chat acculé parvient à inquiéter son attaquant en réveillant en lui la peur instinctive du serpent, il aura incontestablement pris un avantage important. C'est sans doute là la véritable explication de la manière dont le sifflement du félin a évolué.

Le fait que les chats crachent tout en sifflant semblerait corroborer cette idée. Cracher fait également partie des réactions du serpent qui menace. Certains spécialistes soulignent également que les oreilles du chat, entièrement repliées, et ses mâchoires béantes, quand il siffle devant un attaquant, lui donnent un peu l'air d'un serpent. Quelquefois, le chat acculé peut faire des mouvements saccadés ou ondulants de la queue qui rappellent ceux du serpent qui se dresse pour frapper ou prendre la fuite.

Enfin, on a fait remarquer que, quand un chat de gouttière (dont la fourrure porte des marques semblables à celles du type sauvage ou du chat ancestral) est endormi, roulé en boule sur une souche ou un rocher, sa coloration et sa forme le font mystérieusement ressembler à un serpent lové. Au XIXe siècle encore, on considérait que le dessin des taches sur la robe d'un chat de gouttière n'était pas un camouflage simple, direct, mais l'imitation des marques de camouflage du serpent. Un tueur, comme l'aigle, apercevant un chat endormi, pouvait, à cause de cette ressemblance, réfléchir à deux fois avant de foncer.

Pourquoi le chat remue-t-il la queue quand il chasse un oiseau sur la pelouse?

C'est une scène que la plupart des propriétaires de chats connaissent bien. Par la fenêtre, ils voient leur chat suivre un oiseau en rampant furtivement vers lui, tête basse et corps aplati contre le sol. Soudain, tous les efforts de prudence de l'animal tapi pour se rendre aussi invisible que possible se trouvent réduits à néant par la queue de l'animal, qui se met à cingler l'air. Ce mouvement fait l'effet d'un drapeau qu'on agite pour alerter l'oiseau du danger qui le menace. La victime potentielle décolle aussitôt et va se réfugier ailleurs, laissant derrière elle un chasseur frustré, l'œil nostalgique fixé sur le ciel.

Le maître, qui a suivi la scène, est déconcerté par la maladresse de son chat. Pourquoi la queue du chat trahit-elle le reste du corps d'une manière aussi autodestructrice? Les ancêtres sauvages du chat domestique n'auraient jamais pu survivre, avec une pareille faille dans leur technique de chasse! Or, nous savons quc, pour le chat, agiter la queue est un signal social qui indique un conflit aigu. Employé entre deux chats, il est fort utile, et il représente une partie importante du langage corporel des félins. Mais, lorsqu'il est transféré dans le contexte de la chasse, où le seul regard qui va capter le signal est celui de la proie convoitée, il gâche tout. Alors pourquoi ne pas l'avoir réprimé dans des situations de ce genre?

Pour trouver la réponse, il faut commencer par observer

le déroulement normal de la chasse pour le chat. Celle-ci ne se situe pas sur une pelouse, à découvert, et elle est moins bien connue qu'elle ne pourrait l'être des propriétaires de chats parce qu'elle implique une attente prolongée, à l'affût. Si le maître surgit au milieu d'une chasse, elle tourne court automatiquement – et il n'y a plus rien à voir. Dérangé, le gibier s'échappe et le chat abandonne. Pour l'observateur de fortune, il n'est guère facile de pouvoir observer l'ensemble de la séquence. Il faut, pour cela, se livrer à une observation systématique et secrète du chat. Lorsqu'on entreprend celle-ci, un certain nombre d'éléments se font jour.

Premièrement, le chat se sert très souvent d'un abri. Il reste longtemps allongé, à moitié dissimulé dans les broussailles, seuls en général les yeux et une partie de la face restant visibles. La queue est en principe complètement cachée. Deuxièmement, il ne cherche jamais à bondir sur une proie avant d'en être tout proche. Le chat ne court pas après la proie. Il peut faire quelques pas rapides quand il traque, avancer vivement dans sa position aplatie, mais il s'arrête de nouveau et attend encore avant de bondir. Troisièmement, ses proies normales ne sont pas les oiseaux, mais les rongeurs. Une étude sérieuse faite aux États-Unis sur les chats harets a permis de constater que les oiseaux ne représentent que quatre pour cent de leur alimentation. En raison de leur œil perçant et de leur aptitude à s'envoler tout droit en l'air pour prendre la fuite, les oiseaux ne constituent pas un objectif souhaitable pour les chats domestiques.

Tous ces éléments réunis expliquent le dilemme auquel le chat suburbain est confronté lorsqu'il chasse un petit oiseau sur la pelouse du jardin. En premier lieu, la pelouse tondue, dégagée, prive le chat d'un abri naturel, exposant son corps aux regards. Cela a un effet doublement regrettable pour lui. D'une part, il lui sera pratiquement impossible de s'approcher suffisamment de sa proie pour accomplir, sans être vu, son bond rapproché. Il se trouve plongé dans un conflit aigu, voulant d'une part rester immobile et tapi, et d'autre part foncer et attaquer. Le conflit agite sa queue avec fureur, et l'absence même de couverture, qui a engendré le conflit, expose cruellement les vigoureux mouvements de queue au regard affolé de la proie convoitée.

Alors, si tenter d'attraper un oiseau sur une pelouse dégagée est de toute façon voué à l'échec, pourquoi s'obstiner? Le fait est que le chat a en lui la pulsion puissante de chasser à intervalles réguliers. Mais cette pulsion est entravée par les progrès de l'humanité en matière de dératisation. Dans les grandes métropoles, les villes et les banlieues, les rongeurs qui, autrefois, envahissaient les maisons et autres habitations ont été décimés par les techniques modernes. Les oiseaux du jardin ont beau être un fléau, leur attrait pour l'œil humain les a protégés jusqu'ici d'un pareil sort. C'est ainsi que le chat, prédateur de rongeurs, se retrouve à présent dans un environnement artificiellement dépourvu de souris, mais riche en volatiles. Ses qualités naturelles de chasseur ne peuvent lui servir dans de pareilles conditions. C'est cet état de choses qui conduit le chat, contraint mais sans illusions, à se tapir sur des pelouses dégagées, fixant avec convoitise des oiseaux insaisissables. Alors, dans ces circonstances, quand il agite la queue sous les yeux de sa proie, ce n'est pas lui qui est un chasseur stupide, mais nous, qui, sans y penser, avons forcé cet habile chasseur à tenter l'impossible.

Pourquoi le chat claque-t-il des dents quand il aperçoit un oiseau derrière la fenêtre?

Les propriétaires de chats n'ont pas tous eu l'occasion de remarquer cette réaction curieuse, mais elle est si bizarre que, quand on l'a vue une fois, on ne l'oublie pas. Assis sur le rebord de la fenêtre, le félin repère un petit oiseau qui sautille tranquillement au-dehors, et il le fixe avec intensité. En même temps, il se met à claquer des dents, avec un mouvement de mâchoires que l'on a décrit, selon les cas, comme un « crépitement incessant des dents », « une réaction tétanique » ou « le claquement frustré des mâchoires du chat d'une façon saccadée et mécanique ». Qu'est-ce que cela signifie?

C'est là ce qu'on appelle une « activité à vide ». Le chat inflige la morsure fatale hautement spécialisée, comme s'il tenait déjà entre ses mâchoires le malheureux oiseau. L'observation attentive de la manière dont les chats tuent leur proie a permis de constater qu'ils ont un mouvement particulier de la mâchoire qui provoque la mort presque instantanée de la victime. Cela est important pour les félins, car même la proie la plus timorée peut se débattre quand elle est prise. Pour le chat, il est vital d'éviter au maximum tout risque de blessure que pourrait lui infliger le bec pointu d'un oiseau ou les dents puissantes d'un rongeur. Il n'y a donc pas une minute à perdre. Après le bond initial, au cours duquel la proie est ligotée par les solides griffes des pattes avant de notre tueur, le chat avance ses canines en visant la nuque. Avec un mouvement vif et trépidant des mâchoires, il plonge ses longues dents acérées dans le cou de sa victime, les enfonçant entre les vertèbres afin de sectionner la moelle épinière. Après une pareille morsure, sa proie est instantanément paralysée. C'est une représentation de ce mouvement très spécial que notre pauvre chat, frustré, accomplit derrière sa fenêtre, incapable de se maîtriser devant la tentation que représente pour lui le petit oiseau dodu qui sautille sous son nez.

A ce propos, précisons que la morsure fatale est guidée par l'indentation du profil du corps qu'il saisit, l'indentation qui se situe à l'endroit où le corps est attaché à la tête, chez les petits oiseaux comme chez les petits rongeurs. Certaines proies ont acquis une tactique défensive, qui consiste à plonger la tête dans le corps pour dissimuler cette indentation, de sorte que le chat rate son but. Si la ruse marche, le chat peut mordre sa victime en un autre endroit du corps qui ne provoque pas la mort. Alors, si le chat, croyant qu'il a déjà administré le coup de grâce, se détend un instant, le blessé peut arriver à s'esquiver, en de très rares occasions, et à se traîner à l'abri.

Pourquoi le chat balance-t-il la tête d'un côté à l'autre quand il fixe une proie?

Lorsque le chat s'apprête à bondir sur sa proie, il se met parfois à balancer la tête d'une manière cadencée, d'un côté à l'autre. C'est une méthode dont de nombreux prédateurs, qui ont la chance d'avoir une vision binoculaire, se servent. Cette oscillation de la tête leur permet de vérifier la distance précise à laquelle leur proie est située. En oscillant vous-même la tête, vous pourrez voir que plus un objet est prêt, plus il est déplacé par les mouvements latéraux. Le chat procède ainsi pour affiner son évaluation de la distance. En effet, à partir du moment où il s'élance, son bond doit être exact au centimètre prêt. Autrement, c'est raté.

Pourquoi le chat joue-t-il parfois avec sa proie avant de la tuer?

Quel est le maître à qui il n'est jamais arrivé de découvrir avec horreur son chat s'acharnant apparemment à torturer une petite souris ou un malheureux oiseau? Au lieu d'infliger à sa victime la morsure fatale, ce dont il est tout à fait capable, le chasseur se livre à un jeu cruel, consistant à chasser et frapper ou à piéger et relâcher, un petit jeu où la victime pétrifiée risque de mourir de peur avant même de recevoir l'ultime coup de grâce. Pourquoi le chat procède-t-il ainsi, alors qu'il est une machine à tuer parfaitement au point?

Il faut savoir, tout d'abord, que cela ne fait pas partie du comportement des chats sauvages. C'est le geste d'un animal d'intérieur bien nourri, privé de ses activités de chasseur par le caractère « hygiénique » de l'environnement dans lequel il habite désormais : des faubourgs impeccables, des villages entretenus, où la présence des rongeurs a depuis longtemps été éliminée grâce au poison et aux divers services de dératisation des humains. Pour ce pauvre chat, attraper à l'occasion un petit mulot ou un oiseau, c'est un grand événement. Il ne supporte pas de mettre fin à la chasse, et la prolonge autant qu'il peut, jusqu'à la mort de la proie. La pulsion de la chasse est indépendante de celle de la faim, ce que les propriétaires de chats ne peuvent pas ignorer, eux qui ont vu leur bête, qui vient à peine de finir son repas en conserve, se mettre à la poursuite d'un oiseau. Tout comme la faim augmente faute de nourriture, la pulsion de la chasse augmente faute de proie. Le chat d'intérieur a une réaction exagérée, de sorte que la proie connaîtra une mort lente.

En fonction de cela, on ne s'attendrait pas à trouver des chats harets, qui mènent une vie rude, ou des chats de ferme, que l'on utilise comme « dératiseurs professionnels », se permettre de jouer ainsi avec une proie à moitié trépassée. En fait, dans la plupart des cas, cette attitude est absente, mais certains chercheurs ont pu constater qu'on la retrouvait, de temps à autre, chez des chattes de ferme. Il y a, dans leur cas, une explication particulière. En tant que femelles, elles doivent rapporter au nid des proies vivantes pour montrer à leurs petits, à un certain stade du développement de la portée, comment tuer. Ce processus de l'enseignement maternel explique l'empressement des femelles à jouer avec leur proie, même si elles ne sont nullement privées de chasse.

Il existe une autre explication pour ce comportement apparemment cruel. Lorsque le chat attaque un rat, les facultés de défense de sa proie l'inquiètent beaucoup. Un gros rat peut infliger une mauvaise morsure au chat; il faut le maîtriser avant de tenter de le tuer d'un coup de dents. C'est pourquoi le chat lui assène un coup fulgurant, toutes griffes dehors. Il peut frapper le rat à toute vitesse, d'un côté et de l'autre, jusqu'à ce que celui-ci soit complètement étourdi. Alors, seulement, le chat se risquera à approcher sa face pour infliger la blessure mortelle. Il arrive quelquefois qu'une malheureuse souris ait droit aux mêmes égards qu'un gros rat, que le chat la frappe avec ses pattes au lieu de la mordre. Appliqué à une souris, ce genre de traitement aboutit rapidement à une mise en pièces sauvage et disproportionnée, le minuscule rongeur étant jeté de part et d'autre. Un comportement félin de ce type peut apparaître comme un jeu avec la proie, mais il est différent du jeu qui consiste à attraper et relâcher la victime et ne doit pas être confondu avec lui. Quand il s'amuse à attraper et relâcher, le chat inhibe à chaque fois son désir de mordre. Il se retient véritablement pour faire durer la chasse. Quand il frappe et poursuit une souris, le chat réagit d'une manière exagérée au danger possible que représentent les dents de sa proie. Certes, l'on pourrait croire à un jeu cruel, mais c'est là en réalité le comportement d'un chat pas très sûr de lui. Même lorsque sa victime est presque ou tout à fait morte, le chat, dans ce genre de situation, peut continuer à en frapper le cadavre, ne le quittant pas des yeux pour guetter tout geste de représailles. Ce n'est qu'après avoir prolongé ce traitement pendant un bon bout de temps que le chat va se hasarder à infliger la morsure et à dévorer sa proie. Un chasseur aguerri, qui exerce à plein temps ses talents, ne réagirait pas de cette façon. Mais le chat de compagnie choyé, un peu rouillé sur le plan technique quand il s'agit de tuer vite et bien, préférera cette solution, qui a l'avantage de présenter moins de risques.

Comment le chat prépare-t-il sa nourriture?

Aussitôt après avoir tué sa proie, le chat a l'étrange habitude d'aller « faire un tour ». A moins d'être tenaillé par la faim, il va et vient pendant un moment, comme s'il éprouvait le besoin de relâcher la tension engendrée par la chasse et la mise à mort. Ensuite, il s'installe pour dévorer sa proie. Cette pause est peut-être importante pour la digestion du chat, car elle permet à son système de se calmer après la poussée d'adrénaline que lui ont valu les instants qu'il vient de vivre. Durant cette interruption, si la proie a été assez rusée pour faire le mort, elle peut tenter de s'échapper et, en de très rares cas, y parvenir, à condition d'agir avant que le chat ne soit repris par l'envie de chasser.

Lorsque le chat s'approche de sa proie pour la manger, encore faut-il qu'il la prépare pour l'avaler aisément. Les petits rongeurs n'offrent aucune difficulté. Ils sont dévorés la tête la première et si le chat avale la peau, elle sera régurgitée par la suite. Certains chats mettent de côté la vésicule biliaire et les intestins, qu'ils préfèrent ne pas manger. D'autres ont trop faim pour faire des manières et ils avalent le tout, sans façon.

Les oiseaux, à cause des plumes, sont une autre affaire. Même les espèces les plus petites sont dévorées entièrement, à l'exception des plumes de la queue et des ailes. Les oiseaux de la taille des grives et des merles sont plumés un peu avant d'être mangés, mais ensuite, le chat se jette goulûment sur sa proie. Au bout d'un moment, il s'interrompt pour arracher d'autres plumes, puis il poursuit son repas. Il répète ce manège un certain nombre de fois. Les oiseaux plus gros exigent, malgré tout, d'être plumés avec plus de soin. Si un chat arrive à tuer un pigeon ou un volatile plus volumineux encore, il faudra qu'il arrache les plumes avant de commencer à manger.

Pour plumer un pigeon, le chat doit d'abord maintenir fermement le corps de l'oiseau avec ses pattes avant, saisir entre ses dents une touffe de plumes, relever avec énergie sa tête en gardant les mâchoires serrées, puis ouvrir la bouche et secouer vigoureusement la tête d'un côté et de l'autre pour éliminer le plumage qui s'accroche. Tout en secouant la tête, il crache avec force et fait des mouvements spéciaux avec la langue pour se pourlécher les babines, afin de débarrasser sa bouche des plumes obstinées. Il se peut qu'il s'arrête, de temps à autre, pour lécher son flanc. Ce geste inverse le processus de la toilette. Normalement, la langue nettoie la fourrure, ici c'est la fourrure qui nettoie la langue. Les derniers vestiges étant éliminés, notre prédateur peut continuer à plumer l'oiseau.

Le besoin d'arracher les plumes d'un gros oiseau paraît être inné. Il m'est arrivé d'offrir un pigeon mort à un chat sauvage mis en cage dans un zoo où son menu quotidien était composé uniquement de morceaux de viande. Le chat, follement excité à la vue de l'oiseau plein de plumes, se lança avec frénésie dans une séance de plumage qui se poursuivit sans relâche jusqu'à ce que le corps de l'oiseau fût entièrement nu. Ensuite, au lieu de s'installer pour le manger, le chat s'intéressa à l'herbe sur laquelle il était assis et se mit à l'arracher. A maintes reprises, il tira sur des touffes de gazon en les rejetant avec les mouvements caractéristiques de la plumée de l'oiseau. Enfin, ayant donné libre cours à son besoin trop longtemps frustré de préparer sa nourriture, le chat mordit dans la chair du pigeon et entama son repas. Manifestement, le plumage a sa propre motivation, et l'animal en captivité peut en être frustré, tout comme pour d'autres instincts, plus évidents.

La caractéristique, sans doute la plus étrange, de cette activité de plumage est que le chat européen la pratique d'une manière différente de l'américain. Toutes les espèces appartenant à la première catégorie l'exécutent en tirant en un mouvement en zigzag qui entraîne une secousse de la tête, alors que ceux originaires du continent américain procèdent à la plumée par un long mouvement vertical, en tirant tout droit, et ensuite seulement donnent une secousse en tournant la tête. Il apparaît, en dépit de similitudes superficielles entre les chats domestiques des deux côtés de l'Atlantique, qu'il s'agit de deux groupes bien distincts.

Le chat est-il un dératiseur vraiment efficace?

Avant que le chat ne soit élevé à la dignité de compagnon et d'animal familier pour des humains en mal d'affection, le contrat entre l'homme et le chat était fondé sur la capacité de l'animal à détruire les nuisibles. Dès l'instant où l'humanité a commencé à vouloir conserver des récoltes, le chat a eu un rôle à jouer, et il a assumé la part qui lui revenait avec un succès indiscutable.

Il n'y a pas si longtemps, on croyait qu'il fallait nourrir le moins possible les chats de ferme pour que ces chasseurs tuent un maximum de rats et autres rongeurs. Cela semblait l'évidence même, mais c'était faux. Les chats de ferme affamés se dispersaient sur un vaste territoire de chasse en quête de nourriture, et ils tuaient moins de rongeurs à l'intérieur de la ferme. Les chats nourris par le fermier restaient aux alentours de la ferme et leur score comme prédateurs d'animaux nuisibles était beaucoup plus élevé. Le fait qu'ils avaient déjà mangé et n'avaient pas particulièrement faim ne changeait rien au nombre de rongeurs qu'ils tuaient chaque jour, car, chez les chats, le besoin de chasser est indépendant du besoin de manger. En effet, les chats chassent pour chasser. Lorsque les fermiers eurent compris cela, ils furent également en mesure de garder leurs chats à proximité des fermes et de réduire les dégâts infligés aux récoltes par les rongeurs. Quelques chats de ferme, bien soignés, parvenaient à limiter la prolifération des intrus, à condition toutefois qu'une invasion trop importante n'ait pas précédé leur arrivée.

D'après un spécialiste, le plus grand tueur de souris enregistré dans les annales était un chat de gouttière mâle vivant dans une usine du Lancashire, en Angleterre. Au cours de vingt-trois ans d'une existence particulièrement longue et bien remplie, il tua plus de 22 000 souris. Cela représente presque trois par jour, ce qui paraît correspondre à un régime raisonnable pour un chat domestique, compte tenu des en-cas distribués par ses amis humains. Mais il est battu à plate couture par le champion mondial des tueurs de rats. Cet honneur revient à une chatte de gouttière qui gagnait sa pitance au très regretté White City Stadium, à Londres. Au cours d'une période de six ans seulement, elle a exterminé non moins de 12 480 rats, ce qui revient à une moyenne quotidienne de cinq à six rongeurs. Quel score fantastique! On comprend aisément pourquoi les anciens Égyptiens se sont donné le mal de domestiquer cet animal étonnant, et pourquoi le fait d'en tuer un était passible de la peine de mort.

Pourquoi le chat offre-t-il à ses maîtres humains une proie toute fraîche?

Si les chats font cela, c'est qu'ils tiennent leurs maîtres pour des incapables en tant que chasseurs. Bien que, d'ordinaire, ils considèrent les humains comme de pseudo-parents, ils les traitent en l'occurrence comme leur famille – autrement dit, comme leurs chatons. Quand les chatons ne savent pas encore comment attraper et manger souris et petits oiseaux, le chat leur montre l'art et la manière de les prendre. C'est pourquoi les félins qui rapportent le plus souvent leur trophée à la maison pour en faire cadeau à leurs maîtres sont des femelles castrées. Comme elles sont incapables d'accomplir ce geste pour leur propre portée, elles le dérivent vers leurs compagnons humains.

Devant un tel honneur, les humains reculent en général avec horreur ou colère, surtout si le petit rongeur ou l'oiseau est encore en vie et se débat. Le chat est complètement désemparé par une réaction aussi inattendue. Si on le gronde pour son acte généreux, il va trouver, une fois encore, que ses amis humains sont incompréhensibles. Alors, comment réagir? Il faut féliciter l'animal pour sa générosité toute maternelle, lui retirer le trophée avec moult compliments et caresses, et jeter celui-ci le plus discrètement possible.

Dans des conditions naturelles, la chatte qui a une portée de chatons les initie progressivement à attraper des animaux. Dès qu'ils ont sept semaines environ, au lieu de tuer et de dévorer sa proie sur place, elle la tue puis la rapporte à l'endroit où se trouve la nichée. Là, elle la dévore sous les yeux de ses petits. La phase suivante consistera à rapporter l'animal mort et à jouer avec celui-ci avant de le consommer, pour que les chatons la voient frapper la proie de ses griffes et l'attraper. La troisième phase consistera à laisser les chatons dévorer eux-mêmes l'animal. Mais elle n'est pas encore prête à prendre le risque de leur rapporter une proie vivante, ou même à demi morte. En effet, celle-ci pourrait les mordre ou les attaquer s'ils étaient imprudents. Elle ne s'y hasardera que plus tard, lorsqu'ils seront un peu plus grands, et elle tuera elle-même l'animal sous les yeux de ses chatons. Ceux-ci apprennent en regardant. Finalement, ils l'accompagneront à la chasse et essaieront à leur tour de tuer.

Pourquoi les chats mangent-ils de l'herbe?

La plupart des propriétaires de chats ont eu l'occasion d'observer comment, de temps à autre, leur chat s'approche d'une longue tige qu'il se met à mâchouiller et à mordiller. On sait que les chats qui vivent en appartement, sans jardins pour vagabonder, causent des dégâts considérables aux plantes d'intérieur en essayant de trouver à tout prix un substitut pour la verdure. Dans certains cas, ces animaux se sont même rendus malades en mordillant des plantes qui étaient nocives pour eux.

Nombre de spécialistes se sont interrogés sur ce comportement et quelques-uns admettent carrément qu'ils donnent leur langue au chat. D'autres ont proposé une gamme d'explications peu convaincantes. Pendant des années, la réponse privilégiée consistait à dire que les chats se servaient de l'herbe comme laxatif, ce qui les aidait à faire passer ces pelotes de poils gênantes, coincées dans leurs intestins. Toujours dans le même sens, on suggérait que les félins mangeaient de l'herbe pour se faire vomir ces fameuses boules. Si cette hypothèse reposait sur une constatation – celle que les chats vomissent quelquefois après avoir avalé de la verdure –, elle négligeait la possibilité que c'était précisément ce qui les rendait malades qui leur donnait envie de manger l'herbe, au lieu de supposer que manger de l'herbe les faisait effectivement vomir.

Une explication moins répandue attribue à l'herbe des

vertus calmantes en cas de mal de gorge, ou d'irritation de l'estomac. Certains spécialistes refusent simplement de considérer cette activité comme un moyen d'accroître le volume de déchets alimentaires.

Aucune de ces interprétations n'est compréhensible. La quantité d'herbe avalée est, en réalité, très faible. En regardant les chats mâchouiller les longues herbes, on a l'impression qu'ils absorbent seulement le suc des feuilles et des tiges, plutôt qu'ils n'ajoutent des éléments solides à leur régime.

L'opinion la plus récente – et probablement la plus valable – est que les chats mâchouillent l'herbe pour obtenir d'infimes quantités d'une substance chimique qu'ils ne peuvent trouver dans leur régime carnivore et qui est indispensable à leur santé. Cette substance, c'est l'acide folique, et elle est vitale parce qu'elle joue un rôle important dans la production d'hémoglobine. Un chat qui souffre d'une déficience en acide folique sera atteint dans sa croissance et risque une anémie grave. Quand leurs petits compagnons n'ont aucune possibilité d'accès à quelques brins d'herbe, certains maîtres adoptent quelquefois une solution d'appoint : ils plantent des graines dans une soucoupe et font pousser dans leur appartement une longue touffe de verdure que le chat pourra mâchouiller à plaisir.

Il est bon de souligner au passage que, si les chats ont besoin de ce complément végétal à leur alimentation quotidienne, ils sont d'abord et avant tout des carnivores, et doivent être traités comme tels. Les tentatives récentes de végétariens bien intentionnés pour convertir leurs chats à un régime sans viande sont navrantes et cruelles. Soumis à une alimentation de ce type, les félins ne tardent pas à tomber gravement malades et ne survivent pas longtemps. La publication récente de régimes végétariens soi-disant adaptés aux besoins des chats n'est rien d'autre qu'un cas avéré de mauvais traitement animal, et devrait être traité comme tel.

A quoi servent les moustaches du chat?

Réponse courante : les moustaches sont des antennes qui permettent au chat de se rendre compte si une brèche est assez large pour qu'il s'y faufile. Mais la vérité est plus complexe et plus étonnante. Outre leur rôle évident d'antennes sensibles au toucher, les moustaches opèrent aussi comme détecteurs de courants d'air. Quand le chat avance dans le noir, il doit contourner des objets solides sans les toucher. Chaque objet solide dont il s'approche provoque de légers remous dans l'air, des perturbations infimes dans le courant du mouvement d'air. Or, les moustaches du chat sont d'une sensibilité si stupéfiante qu'elles peuvent décoder ces modifications et réagir à la présence d'obstacles solides sans même les toucher.

Les moustaches sont particulièrement importantes, pour ne pas dire vitales, pour la chasse nocturne du félin. Nous savons cela à partir de l'observation suivante : un chat avec des moustaches parfaites tue net ses proies le jour comme la nuit. Un chat aux moustaches abîmées ne peut tuer net que le jour. Dans l'obscurité, il évalue mal l'endroit où mordre et ne plante pas ses crocs dans l'indentation du corps de sa victime. Cela signifie que, dans le noir, où la vision des choses est moins précise, de bonnes moustaches peuvent agir comme un système de guidage à haute sensibilité. Elles ont la faculté étonnante, instantanée, de vérifier le profil du corps de la victime et de diriger les dents du chat exactement au creux de la nuque de l'infortunée. Comme l'aveugle le braille, le bout des moustaches doit lire, d'une manière ou d'une autre, la forme du corps de la proie dans ses moindres détails, et dire en un instant au chat comment réagir. Les photographies de chats tenant des souris entre les mâchoires après les avoir attrapées montrent que leurs moustaches sont presque entièrement enveloppées autour du petit cadavre, continuant à transmettre les informations sur le moindre geste de l'animal, au cas où il serait encore en vie. Étant donné que, chez le chat, par nature, le chasseur nocturne est prédominant, ses moustaches sont évidemment cruciales pour sa survie.

Sur le plan anatomique, les moustaches sont des poils très agrandis et raidis, qui font plus de deux fois la grosseur d'un poil ordinaire. Ils sont enfoncés dans le tissu de la lèvre supérieure du chat trois fois plus profondément que les autres poils, et ils sont équipés d'une masse de terminaisons nerveuses, qui transmettent les informations en cas de contact ou sur tout changement intervenu dans la pression aérienne. Le chat possède, en moyenne, vingt-quatre moustaches, douze de chaque côté du nez, disposées sur quatre rangées horizontales. Elles peuvent bouger vers l'avant, quand le chat est menaçant, ou en train de fureter ou de vérifier quelque chose, et vers l'arrière, quand il est sur la défensive ou qu'il évite délibérément de toucher un objet. Les deux rangées supérieures peuvent bouger indépendamment de celles du bas, et les moustaches les plus vigoureuses sont celles des rangées deux et trois.

Techniquement parlant, les moustaches s'appellent des vibrisses, et le chat possède, sur d'autres parties du corps, un certain nombre de ces poils renforcés : quelques-uns sur les joues, au-dessus des yeux, sur le menton et, curieusement, à l'arrière des pattes avant. Tous sont des détecteurs sensibles du mouvement, mais ces moustaches, incroyablement longues, sont de loin les vibrisses les plus importantes. Quant à l'expression anglaise *« the cat's whiskers »* (« les moustaches du chat »), qui veut dire, en gros, « le fin du fin », il faut reconnaître qu'elle est, en l'occurrence, particulièrement heureuse.

Pourquoi les yeux du chat brillent-ils dans le noir?

Parce qu'ils possèdent, à l'arrière de l'œil, un dispositif spécial qui intensifie les images. C'est une couche de cellules réfléchissantes appelées le *tapetum lucidum* (qui veut dire littéralement « tapis lumineux »), qui fait plus ou moins office de miroir derrière la rétine et renvoie la lumière vers les cellules rétiniennes. Grâce à cette particularité, le chat peut utiliser la moindre parcelle de lumière qui pénètre dans ses yeux. Les nôtres, en revanche, absorbent beaucoup moins de lumière qu'il n'en entre. En raison de cet atout supplémentaire, les chats peuvent déceler dans la pénombre des mouvements et des objets qui seraient invisibles pour nous.

En dépit de cette faculté nocturne remarquable, il n'est pas vrai que les chats peuvent voir dans l'obscurité totale, comme le veut la croyance populaire. Dans la nuit noire, ils doivent naviguer au son, à l'odorat et grâce à la sensibilité extrême de leurs prodigieuses moustaches.

Pourquoi les yeux du chat se contractent-ils en une fente verticale?

Réduire les pupilles à des fentes, plutôt qu'à des petits cercles, donne au chat un contrôle plus précis sur la quantité exacte de lumière qui pénètre dans l'œil. Pour l'animal dont les yeux sont suffisamment sensibles pour voir dans la pénombre, il est également important de ne pas être ébloui en plein soleil. La contraction des pupilles en fentes étroites offre une faculté plus grande et plus précise de réduire le flot de lumière qui pénètre dans l'œil. Équipé de ces deux fentes – l'une verticale, celle de la pupille, l'autre horizontale, celle des paupières – disposées en angle droit l'une par rapport à l'autre, le félin est, de tous les animaux, celui qui peut procéder aux ajustements oculaires les plus fins, lorsqu'il est confronté à ce qui, pour les autres, est une lumière aveuglante.

Confirmant le fait que la contraction des pupilles en fentes est liée à la sensibilité nocturne de l'œil du chat, on observe que les lions, qui sont des chasseurs diurnes, ont les yeux qui se contractent, comme les nôtres, en têtes d'épingle circulaires.

Les chats voient-ils les couleurs?

Réponse : oui, mais plutôt mal. Dans la première moitié du XXe siècle, les scientifiques croyaient que les chats étaient daltoniens. Un spécialiste est même allé jusqu'à dire, paraphrasant le dicton populaire : « Jour et nuit, tous les chats voient gris. » C'était l'opinion prédominante dans les années quarante. Néanmoins, des recherches plus minutieuses menées au cours de ces dernières décennies ont permis de constater que les chats arrivent à distinguer certaines couleurs, mais, semble-t-il, sans grande finesse.

On peut se demander, dans ce cas, pourquoi les expériences précédentes n'ont pas réussi à mettre en valeur l'existence d'une sensibilité visuelle à la couleur chez les félins. C'est simplement parce que, dans les tests de discrimination, les chats s'attachaient rapidement à des différences subtiles dans le degré de gris des couleurs, se refusant ensuite à abandonner ces indices lorsqu'ils étaient confrontés à deux couleurs ayant exactement la même intensité de gris. Les tests aboutirent à des résultats négatifs. Cependant, grâce à des méthodes plus sophistiquées, des études récentes ont pu prouver que les chats distinguent le rouge et le vert, le rouge et le bleu, le rouge et le gris, le vert et le bleu, le vert et le gris, le bleu et le gris, le jaune et le bleu, le jaune et le gris. Pour ce qui est de la différenciation entre les autres associations de couleurs, le débat n'est toujours pas clos. Ainsi, un spécialiste croit qu'ils peuvent aussi distinguer le rouge du jaune, mais un autre ne le pense pas.

Quelle que soit l'issue de ces enquêtes, une certitude demeure : la couleur n'est pas aussi importante dans la vie des chats que dans la nôtre. Leurs yeux sont beaucoup plus exercés à la vision dans une lumière crépusculaire, où il leur faut six fois moins de luminosité qu'à nous pour distinguer les mêmes éléments de forme et de mouvement.

Comment la chatte s'occupe-t-elle de ses chatons nouveau-nés?

Quand les neuf semaines de la gestation touchent à leur fin, la chatte enceinte s'agite, se met en quête d'une tanière ou d'un nid où elle pourra donner le jour à ses petits. Elle cherche un endroit tranquille, isolé et sec. Comme la chatte explore une multitude d'endroits convenables dans la maison, des bruits étranges naissent des placards, des coins et des recoins. Brusquement, alors qu'elle était d'une voracité grandissante, elle n'a plus faim et refuse de s'alimenter. Cela signifie que le moment de l'accouchement est imminent – ce n'est peut-être plus qu'une question d'heures. Dès lors, le moment étant venu pour elle de s'attaquer aux choses sérieuses, elle disparaît pour mettre au monde sa portée de chatons.

Certaines chattes détestent être dérangées durant cette phase et un surcroît d'attention les rend nerveuses. D'autres, surtout celles qui n'ont jamais joui d'une grande intimité dans la maison, semblent n'accorder aucune importance à une présence humaine. Les bonnes pâtes iront d'elles-mêmes s'installer dans une boîte en carton préparée spécialement à leur intention, tapissée d'une couche chaude et douce, facilement accessible pour une sage-femme humaine, dans le cas où son intervention se révélerait nécessaire.

L'accouchement est un processus très long pour la chatte normale. Avec une portée de cinq chatons en moyenne et à peu près une demi-heure d'intervalle entre chaque arrivée, l'ensemble de l'opération dure environ deux heures, après lesquelles mère et petits sont exténués. Certaines chattes accouchent plus vite – un chaton par minute – mais c'est rare. D'autres peuvent mettre jusqu'à une heure entre chaque chaton – mais c'est tout aussi exceptionnel. Le délai typique d'une demi-heure n'est pas dû au hasard. Il permet à la mère de s'occuper du petit chat avant l'arrivée du suivant.

Les soins qu'elle accorde au nouveau-né constituent trois phases distinctes. D'abord, elle déchire l'enveloppe (la poche amniotique) qui recouvre le chaton pour sa venue au monde. Elle s'attache ensuite à nettoyer plus particulièrement le nez et la bouche du nouveau-né, ce qui permet à celui-ci de respirer. Dès que cette première phase, capitale, est menée à bien, elle fait sa toilette, sectionne le cordon ombilical, qu'elle mange, jusqu'à environ deux centimètres du ventre du bébé chat. Elle ne touche pas au petit bout restant, qui va se dessécher et tomber tout seul. Ensuite, elle mange le placenta, qui lui procure une nourriture non négligeable qui l'aidera à tenir le coup au cours des longues heures où elle va se vouer totalement à ses petits, pour le premier jour de leur existence. Après quoi, elle lèche le chaton sur tout le corps, ce qui aide sa fourrure à sécher, puis elle se repose. Le bébé suivant ne tarde pas à arriver et l'ensemble du processus se répète. Vers la fin, lorsque la portée est exceptionnellement nombreuse et que la mère est trop fatiguée, le dernier ou les deux derniers venus peuvent être négligés et abandonnés à la mort. Mais la plupart des chattes sont des sages-femmes modèles, qui n'ont que faire de l'intervention de leurs maîtres humains.

A mesure que les chatons récupèrent après le traumatisme de la naissance, ils se mettent à fouiner partout, cherchant un téton. Leur première tétée est d'une importance fondamentale puisqu'elle leur permet de s'immuniser contre la maladie. Avant d'avoir un lait complet et nutritif, la mère sécrète un premier lait moins épais, le colostrum, riche en anticorps, qui donne au petit un atout immédiat dans la rude lutte contre les maladies infantiles. Également riche en protéines et en minéraux, le colostrum va nourrir la nichée pendant plusieurs jours, jusqu'à ce que la mère commence à avoir un lait normal.

Pourquoi les chatons ne se chamaillent-ils pas quand ils tètent leur mère?

Quelques jours après la naissance, le chaton s'est attaché à son propre téton, qu'il reconnaît sans difficulté. Comment? Aussi surprenant que cela paraisse, chaque téton a son odeur. Nous le savons parce que, si le maître lave la région ventrale de la mère, lui retirant ainsi son odeur naturelle, les chatons n'arrivent plus à retrouver leur téton préféré. Au lieu de regagner paisiblement leur place habituelle, ils sont désorientés. C'est la confusion totale et la discorde éclate.

N'est-il pas étonnant de penser que dans le monde tout « simple » des petits chatons, la détection à l'odeur existe déjà, fondée sur des différences si subtiles qu'ils peuvent identifier chaque téton aussi nettement qu'avec une carte de visite collée sur un casier scolaire? Voilà comment le partage se trouve réalisé dans l'ordre à l'heure du repas.

Quelle est la vitesse de croissance des chatons?

A la naissance, les petits sont sourds et aveugles, mais ils ont un solide sens de l'odorat. Ils sont également sensibles au toucher et ils se mettent rapidement en quête de la mamelle. Les nouveau-nés pèsent entre 60 et 110 grammes, le poids moyen à la naissance se situant autour de 100 grammes. Ils font une douzaine de centimètres de long.

Au quatrième jour, les chatons ont déjà commencé l'action de pétrissage, qui va stimuler la montée du lait. A la fin de leur première semaine de vie, leurs yeux commencent à s'ouvrir et ils ont doublé leur poids. Quand ils ont un mois, ils donnent entre eux les premiers signes du jeu. Ils arrivent à se déplacer un peu mieux et peuvent s'asseoir. Quelle que soit la couleur à venir de leurs yeux, tous les petits chats, à ce niveau, ont les yeux bleus, et les conserveront tels pendant trois mois. A l'âge d'un mois, leurs dents commencent à percer.

A trente-deux jours environ, ils reçoivent leur première nourriture solide. Mais le sevrage n'interviendra que lorsqu'ils auront deux mois. (Les chats sauvages attendent plus longtemps pour sevrer leurs petits : quatre mois environ.) Durant leur deuxième mois d'existence, ils deviennent pleins de vivacité et jouent énormément les uns avec les autres. A l'intérieur de la maison, les chats familiers se serviront de la litière de leur mère dès l'âge d'un mois et demi. A la fin du deuxième mois, se battre et chasser pour rire deviennent des caractéristiques dominantes de leurs activités.

Au cours du troisième mois, ils vont en voir de belles. Leur mère leur refuse carrément la tétée. Désormais, ils vont devoir se débrouiller entièrement avec des aliments solides, et des liquides lapés dans une soucoupe. Leur mère ne va pas tarder à être à nouveau en chaleur et à s'intéresser une nouvelle fois aux matous.

Durant le cinquième mois, les jeunes chats commencent à marquer à l'odeur leur territoire. Ils perdent leurs dents de lait et explorent d'une manière moins insouciante le monde neuf et passionnant qui les entoure. Il y a toutes les chances pour que leur mère soit encore enceinte à moins que ses maîtres ne l'aient forcée à rester enfermée dans la maison pendant ses chaleurs.

A six mois, les jeunes chats sont indépendants, capables de chasser des proies et de se défendre tout seuls.

Pourquoi la chatte change-t-elle de nid ses petits?

Lorsque les chatons ont entre vingt et trente jours, leur mère les transporte souvent dans un nouveau nid. Tenant la tête aussi haut que possible, la mère saisit chaque chaton par la peau du cou, et l'emporte vers un autre lieu. Si le transport implique un long parcours, la chatte peut se fatiguer de porter son fardeau et pencher la tête, pour tirer son petit au lieu de le porter. Le chaton, qui ne se rebelle jamais, reste mollement étendu et immobile entre les mâchoires maternelles, la queue recourbée entre ses pattes arrière repliées. Cette position raccourcit autant que possible le corps du chaton et diminue le risque de chocs tandis qu'il est bringuebalé sans ménagements de son ancien abri vers le nouveau.

Dès que la chatte arrive dans le nouveau nid de son choix, elle écarte les mâchoires et laisse tomber par terre son chaton. Elle repart aussitôt chercher le suivant de la nichée, puis un autre, jusqu'à ce qu'elle ait transféré tout son petit monde. Lorsque le dernier a été déplacé, elle fait un dernier voyage pour inspecter le vieux nid et s'assurer, plutôt deux fois qu'une, que personne n'a été oublié. On peut en conclure au moins que le calcul des chatons n'est pas vraiment le point fort des félins.

On explique habituellement ce type de déménagement par le fait que le vieux nid est devenu sale, ou qu'il manque d'espace, en raison de la croissance des petits. Ces interprétations semblent raisonnables, mais ce n'est pas là la vraie raison. Une chatte ayant un nid vaste, impeccable risque tout autant de transférer sa nichée vers d'autres lieux. La bonne réponse nous est donnée par les ancêtres sauvages du chat domestique. Dans leur environnement naturel, loin des conserves pour chat et des soucoupes de lait, la chatte doit commencer à rapporter à ses petits des proies pour éveiller chez sa progéniture des réactions carnivores. Quand les chatons ont entre trente et quarante jours, ils doivent être initiés aux aliments solides. C'est en fait cette évolution dans leur comportement qui se trouve en filigrane derrière ce grand déménagement. Le vieux nid, leur premier abri, avait été choisi pour offrir un maximum de confort et de sécurité. Les chatons étaient tellement vulnérables, à l'époque! Il leur fallait, avant tout, être protégés. Mais, durant le deuxième mois de leur existence, quand leurs dents ont percé, ils doivent apprendre à mordre et mâcher les petites proies que leur mère va rapporter. Un deuxième abri est nécessaire pour faciliter cet apprentissage. L'impératif absolu sera, cette fois, la proximité du lieu d'approvisionnement, afin de réduire la tâche de la mère qui doit rapporter à maintes reprises de la nourriture à ses petits.

Les chats domestiques, si on leur laisse la moindre chance de le faire, procèdent toujours à cette opération de déménagement, alors que le problème de la nourriture a été supprimé par la présence des humains, qui remplissent quotidiennement les assiettes. C'est un ancien schéma du comportement maternel chez les félins, un comportement qui, comme la chasse elle-même, refuse de disparaître purement et simplement parce que la vie est devenue plus douce sous la domestication.

Outre ce « schéma du déménagement vers la source

alimentaire », il existe, bien entendu, de nombreux exemples de chattes emportant rapidement leur nichée pour quitter un abri qu'elles considèrent comme dangereux. Ainsi, si la curiosité humaine se fait trop vive, si des yeux fureteurs et des mains tâtonnantes ne peuvent laisser en paix le nid « secret », d'étranges odeurs humaines vont rendre ce lieu sans attrait. Afin d'avoir un peu de tranquillité, la chatte va se mettre en quête d'un nouveau domicile. Des transferts de ce genre peuvent intervenir à n'importe quelle phase du cycle maternel. Chez les chats sauvages, une intrusion dans la nichée peut avoir des conséquences plus radicales. La mère peut refuser de reconnaître les petits comme étant sa progéniture, les abandonner, voire les dévorer. Que se passe-t-il, en réalité? L'odeur étrangère sur le corps du chaton fait de lui une « espèce » étrangère; en d'autres termes, il entre dans la catégorie des proies. La seule réaction possible devant un pareil objet, c'est de le manger. Les chats domestiques réagissent rarement de cette manière, car ils ont tellement l'habitude des parfums et des odeurs de leurs maîtres qu'elles ne leur paraissent nullement bizarres. C'est pourquoi les chatons manipulés par les humains continuent de faire partie de « la famille », même s'ils sont dotés de senteurs nouvelles.

Comment les chatons apprennent-ils à tuer?

Disons, en gros, qu'ils n'ont pas besoin d'apprendre comment pratiquer l'acte de tuer; mais si leur mère leur prodigue quelque instruction dans ce domaine, cela vaut mieux. Des chatons élevés par des chercheurs, dans l'isolement par rapport à leur mère, étaient capables de tuer des proies, quand on leur donnait pour la première fois des rongeurs vivants. Cependant, tous les chatons n'y sont pas parvenus. Sur les vingt animaux testés, neuf ont tué des souris, et seulement trois d'entre eux les ont mangées. Des chatons, élevés dans un milieu où l'on tue les rongeurs, où ils voient tuer mais jamais dévorer des proies, remportent un succès beaucoup plus net. Dix-huit chatons, sur les vingt et un testés, se sont comportés en tueurs, et neuf ont dévoré le produit de leur chasse.

Chose remarquable, sur dix-huit chatons élevés en compagnie de rongeurs, trois seulement se sont mis par la suite à chasser les rongeurs. Les quinze restants n'ont pu être amenés à tuer, même en voyant d'autres chats chasser. Pour eux, les rongeurs faisaient partie de la famille, ne représentaient plus une « proie ». Les trois tueurs eux-mêmes n'attaquaient pas les rongeurs appartenant à l'espèce avec laquelle ils avaient été élevés. Malgré l'existence évidente d'une structure innée de tueur, cette structure peut être perturbée par des conditions d'éducation non naturelles.

Inversement, des tueurs vraiment compétents doivent

vivre une enfance où ils se familiarisent, autant que possible, avec la chasse et l'exécution des proies. Les plus fins chasseurs sont ceux qui, dans leur jeunesse, ont pu accompagner leur mère dans ses rondes et observer son comportement avec les proies. A un âge plus tendre, ceux-ci ont également eu droit aux proies qu'elle rapportait au nid pour les leur montrer. Si la mère n'apporte pas de proies au nid pour ses petits, entre leur sixième et leur vingtième semaine, ces derniers deviendront plus tard des chasseurs beaucoup moins habiles.

Pourquoi le chaton lance-t-il parfois un objet en l'air quand il joue?

La scène nous est suffisamment familière. Un chaton se fatigue de courir derrière une balle. Alors, brusquement, sans crier gare, il donne une chiquenaude sous la balle avec une de ses pattes, l'envoie en l'air et la fait passer derrière lui par-dessus sa tête. Tandis que la balle s'envole, le chaton fait demi-tour et la suit, l'attrape entre ses griffes et la « tue » encore une fois. S'il est confronté à une balle plus grosse, il opérera avec une légère variante, en utilisant les deux pattes avant en même temps pour envoyer l'objet, d'une pichenette, vers l'arrière.

Ce comportement ludique est interprété d'ordinaire comme celui d'un chaton imaginatif et malin. Étant donné que son jouet ne va pas s'envoler comme un oiseau vivant, le chat lui « donne vie » en envoyant la balle par-dessus son épaule, ce qui lui procure le plaisir de poursuivre la proie de remplacement la plus vivante, la plus sensationnelle. Ce qui porte à penser que le chaton est doué d'une faculté d'invention remarquable en ce qui concerne le jeu, puisqu'il invente un oiseau qui vole. Le fait qu'un chat adulte, chassant de vrais oiseaux, ne commettrait jamais ce geste de frapper d'une « pichenette » avec ses pattes avant corrobore cette théorie. Ce geste, affirment certains spécialistes, est un mouvement très imaginatif, qui reflète l'intelligence avancée du chaton.

Cette interprétation, malheureusement, est fausse. Elle

repose sur une certaine ignorance des gestes instinctifs du chat quand il chasse. A l'état sauvage, les chats ont trois différents types d'attaque, variant selon qu'ils chassent des souris, des oiseaux ou des poissons. Avec une souris, ils traquent, bondissent, bloquent avec les pattes avant, puis mordent. Avec les oiseaux, ils sauvent, bondissent, puis, si l'oiseau s'envole, ils bondissent derrière lui, le frappant en même temps de leurs deux pattes avant. S'ils sont assez vifs pour immobiliser le corps de l'oiseau par ce mouvement de tenailles exécuté par les pattes antérieures, ils le plaquent au sol pour lui donner la mort. En revanche, leur manière d'attraper les poissons nous est moins familière. Voici comment le chat procède : il attend, couché au bord de l'eau; puis, quand un poisson sans méfiance vient à passer, l'animal plonge la patte dans l'eau d'un geste vif, et la glisse rapidement sous le corps du poisson, qu'il envoie, d'une pichenette, hors de l'eau. La pichenette est dirigée vers l'arrière, par-dessus les épaules du chat, et elle suffit à propulser le poisson hors de son milieu aquatique. Tandis que le poisson ébahi atterrit dans l'herbe derrière le chat, celui-ci fait demi-tour et bondit sur sa proie. Si elle est trop grosse pour que les griffes d'une seule patte avant suffisent à lui faire fendre l'air, le chat peut s'aventurer à plonger dans l'eau les deux pattes antérieures en même temps, pour saisir par en dessous, toutes griffes dehors, le poisson, et le lancer derrière lui, par-dessus sa tête.

Or, ce sont précisément ces actes de pêche instinctifs que le chaton accomplit en donnant sa « chiquenaude » à la balle, et non quelque geste nouveau qu'il aurait appris ou inventé. Pour quelle raison n'a-t-on tenu aucun compte de cela dans le passé? Tout simplement parce que peu de gens ont observé des chats capables de pêcher en pleine nature, alors que beaucoup ont vu leurs chats d'intérieur bondir après les oiseaux sur la pelouse du jardin.

Une étude réalisée par des Hollandais a pu montrer que le geste qui consiste à ramasser le poisson dans l'eau, à l'aide de la fameuse « chiquenaude », arrive à maturité très tôt, sans que l'apprentissage maternel soit nécessaire. Les chatons qui ont eu la possibilité de pêcher régulièrement dès leur cinquième semaine, mais en l'absence de leur mère, devenaient, en deux semaines, des pêcheurs aguerris. Le chaton qui joue à lancer une balle par-dessus son épaule accomplit donc le même geste qu'il ferait pour de vrai, s'il était un petit chat, élevé en pleine nature, à proximité d'une rivière ou d'un étang.

Quand les chats parviennent-ils à la maturité sexuelle?

Cela se produit quand ils ont presque un an, mais toutes sortes de variations sont possibles. Pour les mâles, l'âge le plus bas est de six mois, mais ceci est anormalement jeune. Huit mois est encore assez précoce, le mâle typique ne commençant à avoir une activité sexuelle qu'entre le onzième et le douzième mois. Pour les matous qui vivent en liberté, cet événement peut survenir beaucoup plus tard, probablement vers quinze ou dix-huit mois, sans doute parce que la rivalité des mâles plus vieux leur laisse peu de chance.

Pour les femelles, la période d'attente peut être relativement courte, jusqu'à six ou huit mois, en général. Mais on a vu de très jeunes femelles en chaleur, ayant entre trois et cinq mois. Ces débuts précoces semblent être dus aux conditions non naturelles imposées par la domestication. Dans le cas des chattes sauvages, dix mois est un âge plus fréquent.

Chez le chat sauvage européen, par exemple, la saison des amours commence en mars. La période de gestation dure soixante-trois jours et les chatons naissent en mai. A la fin de l'automne, ils s'en vont tout seuls et, s'ils survivent à l'hiver, ils commenceront eux-mêmes à s'accoupler au mois de mars suivant, quand ils auront une dizaine de mois, et donneront le jour à leur propre portée quand ils auront environ un an. Comme les chats sauvages n'ont qu'une saison par an, les matous trop jeunes devront patienter jusqu'au printemps suivant avant de pouvoir s'accoupler.

Ce cycle de la vie sauvage est manifestement adapté au changement des saisons et aux réserves variables de nourriture dans la nature. Mais, pour le chat familier que nous dorlotons, ces problèmes n'existent pas. Avec ses oreilles de chasseur magnifiquement pointées vers le cliquetis métallique de l'ouvre-boîtes, avec le chauffage central qui ronfle doucement à l'arrière-plan du paysage quotidien, le chat de compagnie qui se vautre dans le luxe de notre maison n'a pas grand-chose à redouter du cycle annuel des saisons. Par conséquent, la saison des amours est, chez lui, moins rigide que chez son homologue sauvage. Il peut s'accoupler dès la deuxième moitié de janvier, ce qui fait naître une portée au début du mois d'avril. Deux mois plus tard, les petits étant sevrés et partis vers de nouveaux foyers, il peut fort bien connaître une seconde période d'accouplement, qui donnera une nouvelle portée à la fin de l'été. Avec la disparition de ce rythme annuel simple, nous avons des jeunes chats domestiques de tous âges, de sorte que les stades où ils commencent à avoir une activité sexuelle sont variables.

On a signalé des cas de chats sauvages ayant une seconde portée en août. Mais on soupçonne que ce type de situation ne se présente que lorsqu'il y a eu croisement entre des animaux sauvages et des chats domestiques retournés à l'état sauvage.

A quelle vitesse les chats se reproduisent-ils?

Une population de chats livrée à elle-même peut s'accroître à une vitesse effarante. Pourquoi? Parce que les chattes sont d'excellentes mères, que la domestication a pratiquement triplé le nombre des portées, augmentant même la taille de celles-ci. Le chat sauvage européen, qui n'a qu'une seule portée par an, donne en moyenne entre deux et quatre chatons. Mais le chat domestique peut mettre bas quatre ou cinq petits en moyenne à l'occasion de chacune de ses trois portées annuelles.

Un simple calcul, fondé au départ sur un seul couple reproducteur de chats domestiques et qui retiendrait en moyenne quatorze chatons pour l'ensemble des portées annuelles, fait apparaître qu'en cinq ans, on atteindrait le total de 65 536 chats. A condition, bien entendu, que tous aient survécu, que mâles et femelles soient en nombre égal à la naissance et que tous s'accouplent quand ils ont un an. En réalité, les femelles peuvent commencer un peu plus tôt, et le chiffre peut être plus élevé encore. Sauf que nous n'avons tenu aucun compte d'une autre réalité : le nombre des morts, par maladie ou accident.

Ce monde de cauchemar, où les chats grouillent d'un mur à l'autre, quelle sinistre perspective pour celle qui aspire à devenir la souris du foyer! Mais cette situation ne se concrétise jamais, parce qu'il existe des propriétaires humains suffisamment responsables pour s'assurer que des limites réelles soient imposées à la reproduction de leurs petits compagnons, afin d'en restreindre le nombre. La castration des mâles et des femelles est aujourd'hui chose commune, et l'on estime que plus de quatre-vingt-dix pour cent de l'ensemble des matous ont subi cette opération. Les femelles autorisées à se reproduire voient leur portée réduite à un ou deux petits, les malheureux autres étant supprimés sans douleur par le vétérinaire local. Dans certaines régions, des programmes assez impitoyables visant à exterminer les chats harets et errants ont été mis sur pied. Des pays ont même tenté des projets de contraception orale, les chats errants recevant, mélangée à de la nourriture, une « pilule ». Israël, par exemple, affirme prévenir la naissance de 20 000 chatons par an en utilisant cette technique.

En dépit de ces tentatives, les chats harets et errants, en Angleterre, sont, à l'heure actuelle, beaucoup plus d'un million. Dans la seule région de Londres, on estime qu'ils ne sont pas moins de 500 000. Sans compter, bien entendu, que les chats de compagnie sont entre quatre et cinq millions, ce qui constitue dans l'ensemble une population féline massive, avec à peu près un chat pour dix humains.

Comment les chats font-ils leur cour?

Les chats consacrent énormément de temps à l'élaboration de l'acte sexuel, et leurs « orgies » interminables ainsi que la promiscuité leur ont gagné, à travers les siècles, une solide réputation de lascivité et de luxure. Pourtant, l'acte sexuel en tant que tel ne dure pas très longtemps et n'est pas particulièrement érotique dans sa forme. En fait, le processus de l'accouplement dans son ensemble ne dépasse pas dix minutes, souvent même il est plus bref encore. Or, cette réputation de lubricité, les félins la doivent à une ressemblance superficielle entre leurs ébats de groupes et un viol collectif effectué par de jeunes loubards. A un moment donné, il y a une femelle, qui crache, sacre, et donne des coups aux mâles, et l'instant d'après, la voilà qui se tortille sur le sol. Et, autour d'elle, un cercle de mâles se presse, qui grognent, grondent, et feulent tout en allant violer (semble-t-il) à tour de rôle la femelle.

La vérité est quelque peu différente. Le processus, il est vrai, peut durer des heures, voire des jours, d'activité sexuelle ininterrompue. Mais c'est la femelle qui est en grande partie responsable du déroulement des opérations. C'est elle qui donne le ton, pas les mâles.

Tout commence lorsque la femelle est en chaleur et se met à appeler les mâles. Réagissant également à ses odeurs sexuelles très spéciales, ils accourent de toutes parts. Le mâle, sur le territoire duquel elle a choisi de faire son numéro, jouit, au départ, d'une position hautement favorisée, puisque les autres mâles du voisinage vont avoir peur d'envahir son terrain. Mais une femelle en chaleur, c'est plus qu'ils ne peuvent endurer. Aussi ils encourent le risque. Cette intrusion provoque toutes sortes de chamailleries entre les mâles et explique la plus grande partie du bruit qui accompagne ces ébats. Ainsi, les miaulements et feulements, que l'on considère, à tort, comme liés à l'acte sexuel, sont en fait purement agressifs. Mais, comme le centre d'intérêt est la femelle, les règlements de compte entre mâles passent bientôt au second plan, tandis qu'un vaste cercle de matous se forme autour d'elle.

Elle s'exhibe devant eux, elle ronronne, gémit, se roule par terre, se frotte contre le sol et se tortille d'une manière qui fascine les yeux des mâles, fixés sur elle. L'un d'eux, probablement le propriétaire du territoire lui-même, finit par s'approcher et s'assoit à proximité. Pour la peine, il se trouve attaqué par des pattes avant solidement armées de griffes et qui le frappent sans pitié. Comme elle crache et grogne vers lui, il recule. Elle est maîtresse de la situation, et c'est elle qui choisira finalement le mâle qui pourra l'approcher plus intimement. Celui qui y parvient peut être le matou dominant de l'assemblée, comme il peut ne pas l'être. Cela dépend d'elle. Cependant, certaines stratégies permettent quelquefois aux matous d'aboutir. La plus importante d'entre elles consiste pour le mâle à avancer vers elle lorsqu'elle regarde dans l'autre direction. Dès qu'elle se retourne vers lui, il se fige tout comme l'enfant qui joue. En fait, elle l'attaque quand elle le voit s'avancer, et non lorsqu'il est immobile, alors qu'il s'est rapproché comme par enchantement, on ne sait comment. De cette manière, un matou assez futé peut parvenir tout près de la belle. Il émet une espèce de petit piaulement. Si elle s'arrête de cracher et de siffler en le regardant, il prendra le risque d'un premier contact. Il commence par lui agripper la nuque avec ses mâchoires, puis la monte avec prudence. Si elle est prête à s'accoupler, elle aplatit son corps à l'avant et relève l'arrière-train, recourbant sa queue sur le côté. Cette position, qui s'appelle la « lordose », est l'ultime signal que la chatte adresse au mâle, lui indiquant par là qu'elle autorise l'accouplement.

A mesure que le temps passe, l'« orgie » change de style. Les mâles, rassasiés, s'intéressent de moins en moins à la femelle. Elle, en revanche, prend des poses de plus en plus lascives. Après n'en avoir fait qu'à sa guise avec chacun des mâles, à des intervalles relativement courts, pendant plusieurs jours d'affilée peut-être, on pourrait s'imaginer qu'elle aussi devrait être assouvie. Mais il n'en est rien. Aussi longtemps qu'elle est en chaleur, elle veut s'accoupler. Or, à présent, les matous ont besoin d'être encouragés. Au lieu de jouer les inaccessibles, il faut maintenant qu'elle s'efforce de réchauffer leur passion. Pour y parvenir, elle pousse des sons plaintifs, se frotte et se tortille sur le sol. Les mâles sont toujours assis autour d'elle à la regarder et, de temps à autre, l'un d'eux parvient à rassembler suffisamment d'enthousiasme pour la monter une fois de plus. A un moment donné, tout de même, c'est fini. Mais, après une pareille aventure, les chances de voir rentrer au foyer une chatte non fécondée sont purement et simplement nulles.

Pourquoi le matou attrape-t-il la femelle par la nuque pendant l'acte sexuel?

A première vue, ce geste paraît être un exemple de brutalité machiste, dans le même esprit que l'image de l'homme des cavernes qui attrape sa compagne par les cheveux pour la traîner dans sa grotte. Rien ne pourrait être plus éloigné de la vérité. En matière de sexualité, c'est la femelle, pas le mâle, qui domine, chez les chats. Même si les matous sont capables de se battre entre eux avec sauvagerie, à partir du moment où ils sont excités sexuellement et qu'ils essaient de s'accoupler avec une chatte en chaleur, ils ne jouent plus les matamores. Ce sont les femelles qui frappent et rouent de coups les matous. La morsure à la nuque a peut-être l'air d'un procédé sauvage, mais c'est en fait une tentative désespérée du mâle pour se protéger contre tout risque d'agression. Cette astuce est d'un genre très particulier. Il ne s'agit pas de maintenir de force la femelle pour qu'elle ne puisse pas se retourner et l'attaquer. Elle est trop forte pour cela. C'est en fait une « ruse du comportement » effectuée par le mâle. Tous les chats, mâles et femelles, ont une réaction très curieuse quand on les attrape fermement par la nuque, réaction qui remonte à l'époque de leur enfance. Les chatons ont une réaction automatique quand leur mère les prend de cette manière. Elle utilise ce procédé lorsqu'elle doit quitter un endroit devenu dangereux et transporter ses petits en lieu sûr. Il est alors d'une importance cruciale que les chatons ne se débattent pas, quand leur vie même est peut-être en jeu. Les félins ont acquis une réaction « figée » quand on les saisit par la nuque, réaction qui implique qu'ils restent parfaitement immobiles et ne se débattent pas. Cette immobilité aide la mère à accomplir la tâche difficile qui consiste à transférer sa portée à l'abri. Les chats, en grandissant, ne perdent jamais tout à fait cette réaction, comme vous pouvez le constater vous-même en saisissant fermement par la peau du cou un chat d'intérieur adulte. Il s'arrête aussitôt de bouger et reste immobile entre vos doigts pendant un moment avant de commencer à se tortiller. Si vous l'attrapez solidement par une autre partie du corps, il va s'agiter beaucoup plus vite, voire sur-le-champ. Cette « réaction d'immobilisation » est la ruse que les matous utilisent à l'égard de leurs femelles potentiellement féroces. Les femelles ont la griffe si distraite que les matous ont grand besoin d'un subterfuge de ce genre. Tant qu'ils s'accrochent avec les dents, ils ont toutes les chances de voir les femelles se transformer malgré elles en « chatons couchés tranquillement entre les mâchoires de leur mère ». Sans ce tour de passe-passe, le matou rentrerait chez lui avec plus de balafres encore qu'à l'ordinaire.

Pourquoi la femelle crie-t-elle pendant l'accouplement?

Quand s'achève l'acte sexuel du matou, qui est très bref et ne dure que quelques secondes, la femelle se retourne et l'attaque, le frappant sauvagement de ses griffes et hurlant tant et plus après lui. Pour retirer son pénis et redescendre, il doit agir avec vivacité, sinon il risque de se faire éborgner. La brutalité de la réaction de la chatte à cet instant précis se comprend aisément lorsqu'on examine des photographies du pénis prises au microscope. Contrairement au pénis lisse dont tant d'autres mammifères sont pourvus, l'organe sexuel du chat est hérissé de courtes épines pointues, qui s'écartent toutes à partir du bout. Il s'ensuit que le pénis peut être introduit assez facilement, mais quand il se retire, il racle rudement les parois du vagin. Cela provoque chez elle un spasme de douleur intense, qui est la cause de sa colère et de ses cris. Le mâle agressé, en l'occurrence, n'a pourtant pas le choix. Il ne pourrait changer la position des épines, même s'il le voulait. Non seulement elles sont fixes, mais, pardessus le marché, plus le mâle est viril, plus les épines sont grosses. De sorte que plus le mâle est sexy, plus il fait mal.

Il semblerait que nous soyons là en présence d'un curieux phénomène de sado-masochisme dans les relations sexuelles des félins. Mais il y a, à cela, une raison biologique très particulière. Qu'elles se soient ou non accouplées avec un mâle, les femelles humaines qui ne sont pas enceintes ovulent à intervalles réguliers. Ainsi, les vierges humaines ovulent chaque mois. Mais tel n'est pas le cas des chats. Une chatte vierge n'ovule pas. Les chattes ont une ovulation *uniquement* après s'être accouplées avec un mâle. Cela prend quelque temps – entre vingt-cinq et trente heures – mais c'est sans importance, puisque l'intense période durant laquelle la chatte est en chaleur dure au moins trois jours. Elle est toujours en pleine activité sexuelle quand l'ovulation se produit. Or, le déclic qui déclenche l'ovulation est précisément la douleur intense et le choc éprouvés au moment où son premier soupirant retire son pénis hérissé. Tout se passe comme si cet instant de violence donnait le coup d'envoi pour que son système hormonal lié à la reproduction entre en action.

D'une certaine manière, l'on n'a pas tout à fait tort quand on traite de masochiste une chatte en chaleur, car, à peine une demi-heure après avoir été blessée par le premier pénis du mâle, elle recommence à s'intéresser activement au sexe, prête à nouveau à se laisser monter, alors que la même cause va immanquablement provoquer les mêmes effets, avec hurlements et coups de griffes. Compte tenu de la douleur que doit lui infliger ce fameux pénis, il apparaît clairement que, dans un contexte sexuel, il existe un certain type de douleur qui n'entraîne pas la réaction négative habituelle.

Pourquoi les chats ont-ils l'air de ricaner?

De temps à autre, on peut voir un chat s'arrêter pour faire une drôle de grimace ricanante, comme s'il éprouvait du dégoût. Lorsqu'elle fut observée pour la première fois, cette réaction fut appelée en fait « expression de dégoût », que l'on décrivit en disant que le chat « fronçait le nez » à cause d'une odeur désagréable, comme celle de l'urine déposée par un rival.

Aujourd'hui, on sait que cette interprétation est erronée. La vérité est presque à l'opposé. Quand le chat esquisse cette étrange grimace, dont le nom scientifique est la « réponse de Flehman », il se délecte en fait de l'arôme d'une senteur exquise. Nous savons cela grâce à des tests, qui ont prouvé que l'urine des chattes en chaleur provoque chez le mâle cette forte mimique, alors que l'urine de femelles qui ne sont pas en état d'excitation sexuelle entraîne une réaction beaucoup plus faible.

Ce type de réaction se déroule comme suit : le chat s'arrête net, relève légèrement la tête, étire vers l'arrière la lèvre supérieure, et ouvre un peu la bouche. A l'intérieur de la bouche entrouverte, il est quelquefois possible de voir la langue trembloter ou lécher la voûte du palais. Le chat renifle et donne, pendant quelques instants, l'impression d'être dans un état de concentration proche de l'extase. Pendant ce temps, le rythme respiratoire se ralentit et l'animal, après avoir pris une profonde inspiration, peut même retenir son souffle durant plusieurs secondes.

Ce faisant, il reste planté devant l'objet concerné, les yeux fixés dessus, l'air rêveur.

Si l'on comparait ce comportement à celui d'un homme affamé humant les odeurs alléchantes qui s'exhalent d'une cuisine en pleine activité, on ne serait pas loin de la vérité. Mais il y a une différence, et elle est de taille. Car le chat se sert en l'occurrence d'un organe des sens dont, malheureusement, nous sommes totalement dépourvus. Le sixième sens du chat se situe dans une structure qui se trouve en haut du palais. Il s'agit d'un petit conduit, qui aboutit dans la bouche, juste derrière les incisives supérieures. Cet organe voméro-nasal, également appelé organe de Jacobson, mesure environ deux centimètres et est hautement sensible aux éléments chimiques qui circulent dans l'atmosphère. Le mieux, pour le décrire, est de parler d'un organe olfacto-gustatif; il est d'une importance extrême pour les chats, lorsqu'ils détectent des messages à l'odeur déposés sur leur territoire. Au cours de l'évolution humaine, tandis que nous étions sous la domination croissante des données visuelles transmises au cerveau, nous avons perdu notre organe de Jacobson, dont nous ne gardons plus aujourd'hui qu'une trace infime. Pour les chats, en revanche, ce sixième sens a une grande signification. De plus, c'est lui qui leur donne cette expression bizarre, hautaine, hébétée, qu'ils prennent de temps à autre, alors qu'ils font leur tournée dans le monde.

Comment le chat parvient-il à retomber sur ses pattes?

Bien que les chats soient d'excellents grimpeurs, il leur arrive parfois de tomber. Lorsque cela se produit, un réflexe spécial d'« équilibration » entre instantanément en action. Sans lui, le chat se briserait les reins.

Alors qu'il amorce sa chute, le corps sens dessus dessous, une réaction automatique de torsion commence à l'extrémité avant du corps. La tête pivote la première, jusqu'à ce qu'elle soit à la verticale, puis les pattes antérieures sont ramenées près de la face, prêtes à la protéger du choc. (Un coup administré par en dessous sur le menton d'un chat peut se révéler particulièrement grave.) Ensuite, la partie supérieure de la colonne vertébrale se tord, mettant la moitié antérieure du corps dans l'alignement par rapport à la tête. Enfin, les pattes postérieures sont fléchies, de sorte que les quatre membres sont prêts à l'atterrissage, et, au moment où cela se produit, le chat fait pivoter la moitié arrière de son corps pour le mettre dans la même position que l'avant. Pour finir, lorsqu'il est sur le point de toucher terre, il étire les quatre pattes vers le sol et arrondit le dos, afin d'amortir la violence du choc.

Tandis qu'il opère cette rotation du corps, la queue raidie tourne comme une hélice, faisant office de contrepoids. Tout cela se déroule en une fraction de seconde et c'est grâce à un ralenti cinématographique que l'on peut analyser les différents stades, très rapides, du réflexe d'équilibration.

Comment les chats se comportent-ils en prenant de l'âge?

Beaucoup de propriétaires ne se rendent pas compte que leur chat a atteint « l'âge de la vieillesse ». Cela tient au fait que la sénilité n'a pas une grande incidence sur l'appétit des félins. Comme ils continuent de dévorer avec leur avidité et leur ardeur coutumières, on croit avoir toujours affaire à de « jeunes chats ». Mais il y a certains signes qui ne trompent pas. Le bondissement et la toilette sont les premières activités à en pâtir, et cela pour des raisons évidentes. La vieillesse raidit les articulations du chat et a tendance à ralentir ses mouvements. Bondir sur un fauteuil ou une table ou, dehors, en haut d'un mur, devient de plus en plus difficile. Les chats très vieux ont d'ailleurs besoin qu'on les soulève pour les déposer sur leur fauteuil préféré. Tandis que le corps flexible du chat a perdu de sa souplesse, il devient également de plus en plus malcommode pour l'animal de tordre le cou pour lécher les parties les plus inaccessibles de son pelage. Ces endroits de sa fourrure commencent à avoir l'air ébouriffé; à ce stade, un petit coup de main de la part du maître de l'animal sera le bienvenu, même si le chat en question n'a pas été habitué dans sa jeunesse à ce qu'on l'embête avec des brosses et des peignes.

Tout comme le corps du chat devient plus rigide en vieillissant, son comportement aussi. Son emploi du temps devient de plus en plus figé et les imprévus l'affligent, alors qu'ils étaient autrefois source d'un vif intérêt. Acheter un jeune chaton pour égayer votre chat âgé n'est pas une bonne idée. Cela bouleverse le rythme quotidien du vieil animal. Déménager est encore plus traumatisant. Aussi, le mieux, si vous voulez traiter votre compagnon avec bonté, c'est de changer le moins possible son train-train quotidien, tout en apportant une petite aide physique quand le besoin s'en fait sentir.

La vie à l'extérieur d'un vieux chat est pleine de dangers. On en arrive au point où les querelles avec des rivaux plus jeunes se soldent presque infailliblement par la défaite de votre animal; il faut alors surveiller de près toute persécution possible dont il ferait l'objet.

Heureusement, ces changements n'interviennent que très tard en général dans la vie des chats. Les êtres humains sont atteints de maux de « vieillesse » pendant environ le tiers de leur existence, alors que, chez les chats, cela ne se produit que durant le dixième de leur vie. Leur déclin, par bonheur, est donc bref. Leur durée de vie est en moyenne de dix ans. Certains spécialistes la croient un peu plus longue, l'estimant à une douzaine d'années, mais il est impossible d'être exact en ce domaine, car les conditions de vie des chats varient énormément. Comme indication générale, on peut dire que le chat domestique peut vivre entre neuf et quinze ans, et qu'il ne devrait souffrir des effets de l'âge que durant la dernière année, plus ou moins, de sa vie.

Le record de longévité du chat domestique a suscité maintes controverses, avec, dans certains cas, des affirmations stupéfiantes, allant parfois jusqu'à quarante-trois ans. Toutefois, la durée de vie la plus longue admise aujourd'hui est de trente-six ans, pour un chat de gouttière appelé Puss, qui a vécu entre 1903 et 1939. C'est un exemple exceptionnel et extrêmement rare de longévité féline. Les tentatives sérieuses effectuées pour localiser des chats de plus de vingt ans, en Grande-Bretagne et aux États-Unis, n'ont jamais réussi à dénicher plus d'une poignée de cas dignes de foi.

Une des difficultés pour trouver des documents solides tient au fait que les informations les plus précises concernent des animaux de pure race, qui, justement, vivent moins longtemps que les chats de gouttière et les bâtards. Cette différence tient au fait que les premiers, plus prisés et dont le dossier est scrupuleusement tenu à jour, souffrent de l'accouplement consanguin, qui raccourcit leur vie. Le chat de gouttière « de basse extraction » jouit, par comparaison, de ce que l'on appelle la « vitalité hybride » : une résistance physique améliorée due à des accouplements non consanguins. Malheureusement, ces chats n'ont pas la chance, dans la plupart des cas, d'être bien traités, et, à leur tour, ils ont plus à souffrir des bagarres, du manque de soins et d'une alimentation irrégulière. Leur durée de vie s'en trouve réduite. Autrement dit, celui qui bat des records de longévité est probablement un chat doté d'un pedigree douteux, mais entouré d'amour et de soins. Pour cet animal-là, atteindre quinze ou vingt ans de vie ne constitue pas un objectif irréalisable.

Une des caractéristiques les plus curieuses de la longévité des chats est qu'elle dépasse facilement celle des chiens. Le record, pour un chien, est de vingt-neuf ans, donc sept de moins que le chat le plus vieux. Étant donné que les gros animaux vivent en général plus longtemps que les petits, les chiffres devraient être inversés. Autrement dit, pour leur taille, les chats se débrouillent particulièrement bien. De plus, il y a une compensation pour les matous qui ont subi la castration, puisque les matous castrés réalisent un meilleur score, en ce domaine, que les chats « entiers ». Cela tient, semble-t-il, au fait qu'ils se trouvent impliqués moins souvent dans de rudes bagarres avec des rivaux et que, pour une raison obscure, ils résistent mieux aux infections. Une étude approfondie a permis de constater qu'un matou « coupé » pouvait espérer survivre en moyenne trois ans de plus que son congénère non castré.

Pourquoi le chat se lèche-t-il la face quand elle n'est pas sale?

Un rapide coup de langue sur les lèvres est un des signes révélateurs, qui indique que quelque chose trouble le chat tout en le fascinant ou en le déconcertant. L'œil braqué sur l'objet qui a provoqué son trouble, le chat donne l'impression qu'il ressent, d'une façon brusque et inexplicable, le besoin urgent de se nettoyer le nez ou la fourrure qui entoure sa bouche. Pourtant, il n'y a pas de saleté. Ce nettoyage n'est pas fonctionnel et ne suit pas le schéma habituel après un repas ou au cours d'une toilette normale. Les coups de langue sont courts et vifs, un mouvement rapide qui ne prend pas l'ampleur ordinaire des gestes de la toilette. Ces gestes sont l'équivalent, pour le chat, de se gratter la tête pour l'homme, lorsqu'il est perplexe ou énervé.

Des réactions de ce type s'appellent des « activités de déplacement ». Elles surviennent quand le chat est brusquement plongé dans une situation de conflit. Quelque chose le dérange, tout en piquant sa curiosité, quelque chose qui à la fois le rebute et l'attire. Le voici donc assis, partagé entre l'envie de partir et celle de rester. Il regarde fixement l'objet qui l'agace mais, incapable de résoudre son conflit, il montre son état d'agitation en accomplissant un geste banal, tronqué – n'importe quoi pour sortir de l'impasse où il se trouve. Les espèces différentes réagissent de manière différente. Certains animaux se mordillent les pattes, d'autres se grattent derrière l'oreille avec une patte arrière. Les oiseaux se frottent le bec contre une branche. Les chimpanzés se grattent le bras ou le menton. Mais chez les félins, on préfère se lécher les babines.

Cela peut être vérifié d'une manière inoffensive. Les chats n'aiment pas les sons qui vibrent, avec des aigus très forts; mais ils sont intrigués par l'objet qui produit ces sons. En frottant une pièce de monnaie contre les dents d'un peigne ordinaire, on obtient ce genre de bruit. Tout chat ou presque, en entendant ce raclement, va fixer le peigne que vous tenez dans votre main, puis, au bout de quelques secondes, se mettre à se lécher les lèvres. Si le bruit persiste, l'animal peut décider que, finalement, il en a assez supporté; il se lèvera et s'en ira. Chose curieuse, ce procédé fonctionne avec les lions adultes aussi bien qu'avec les petits chats de gouttière. Le mouvement de langue est parfois remplacé par un éternuement violent, d'autres fois par un large bâillement. Ces gestes sont, apparemment, d'autres « activités de déplacement » chez les félins, mais ils sont moins courants pour eux que le léchage des babines.

Pourquoi une vibration sonore irrite-t-elle autant le chat? C'est un mystère. A moins que, dans le cours de l'évolution féline, ce bruit ait fini par représenter un animal nuisible quelconque – un animal auquel il était préférable de ne pas s'attaquer. Le premier exemple qui vient à l'esprit est le bruit de crécelle que fait le serpent à sonnettes. Peut-être les chats ont-ils une réaction automatique de mise en garde en présence de ce genre d'animaux? Ainsi s'expliquerait alors le fait qu'ils sont à la fois agacés mais également intrigués par le son.

Pourquoi l'herbe-aux-chats provoque-t-elle une réaction aussi vive de la part des chats?

En un mot comme en cent, voici l'horrible vérité : nos chats sont des camés. La cataire, qui fait partie de la famille des menthes, contient une substance, la transnepetalactone, une huile insaturée qui provoque à peu près le même effet sur les chats que la marijuana sur les humains. Lorsque les chats découvrent cette plante dans un jardin, ils planent pendant une dizaine de minutes; un voyage qui paraît les conduire au septième ciel. C'est là une interprétation assez anthropomorphique, puisque nous ne savons pas vraiment ce qui se passe à l'intérieur du cerveau de nos chats. Mais celui qui a déjà pu constater l'effet puissant de l'herbe-aux-chats sur ce petit animal n'a pas manqué de remarquer l'air extasié et drogué de l'animal. Les espèces félines réagissent toutes de cette manière, même les lions – mais pas nécessairement tous les chats. Le « trip », ce n'est pas le genre de tout le monde, et l'on sait que la différence est d'ordre génétique. Chez les chats, on naît camé, on ne le devient pas. Le conditionnement n'y est pour rien. D'ailleurs, les chats mineurs ne planent jamais. Les chatons de moins de deux mois évitent l'herbe-aux-chats, et l'on ne voit apparaître cette réaction positive de leur part qu'à partir de trois mois. Dès lors, ils se séparent en deux groupes : ceux qui n'évitent plus délibérément la cataire, mais se contentent de l'ignorer et de la traiter comme n'importe quelle plante anodine du jardin, et ceux qui deviennent fous dès qu'ils sont en sa présence. Ils sont à peu près aussi nombreux dans un cas que dans l'autre, la balance ayant tendance à s'incliner plutôt du côté du groupe positif.

Ce dernier type de réaction prend la forme suivante : le chat s'approche du plant d'herbe, qu'il renifle. Puis, avec une frénésie grandissante, il se met à la lécher, à la mordiller, la mâcher, frotter contre elle la joue ou le menton, secouant la tête; il s'y vautre, ronronne très fort, grogne, miaule, se roule par terre et fait même des bonds. On observe aussi, dans certains cas, des chats qui l'arrachent et grattent la cataire avec leurs griffes. Les chats les plus réservés semblent complètement désinhibés par la substance chimique contenue dans l'herbe-aux-chats.

Comme le comportement du chat qui se roule dans l'herbe pendant qu'il se trouve en état d'extase rappelle les actes des femelles pendant l'œstrus, certains experts ont avancé que la cataire est une sorte d'aphrodisiaque pour les félins. Hypothèse peu convaincante, puisque cinquante pour cent des chats sensibles à l'effet qu'elle produit sont aussi bien des mâles que des femelles, des animaux entiers que des castrés ou châtrés. Ce n'est donc pas apparemment une histoire de sexe, mais une histoire de drogue, qui plonge l'animal dans un état d'extase comparable à celui qu'il connaît au plus fort de son activité sexuelle.

Les chats camés ont de la veine. A la différence de tant de drogues utilisées par les humains, l'herbe-aux-chats n'a pas de conséquence durable et, au bout d'une dizaine de minutes, le chat revient à son état normal, sans effets secondaires.

La cataire, ou *Nepeta cataria,* n'est pas la seule plante

à provoquer ces curieuses réactions chez le chat. La valériane, ou *Valeriana officinalis,* en est un autre exemple, et beaucoup d'autres encore exercent un fort attrait sur les chats. En revanche, on a fait une découverte surprenante, et qui semble absurde : si on administre, en injections internes, de la cataire ou de la valériane à des chats, le produit a un effet calmant. Comment ces plantes peuvent-elles avoir un effet excitant en usage externe, et calmant en usage interne demeure un mystère pour la science.

Comment le chat retrouve-t-il son chemin pour rentrer chez lui?

Pour les petites distances, le chat a une excellente mémoire visuelle, soutenue, lorsqu'il se rapproche de la maison, par des odeurs familières. Mais comment parvient-il à partir dans la bonne direction, lorsqu'il s'est exprès éloigné de plusieurs kilomètres de son territoire?

Tout d'abord, peut-il réellement y parvenir? Il y a quelques années, un zoologiste allemand emprunta quelques chats à leurs maîtres, qui vivaient dans la bonne ville de Kiel. Il les mit dans des boîtes recouvertes et les conduisit autour de la ville, en utilisant un itinéraire compliqué avec toutes sortes de tours et de détours pour les troubler. Puis il parcourut plusieurs kilomètres en dehors de la ville, et se rendit dans un champ où il avait installé un grand labyrinthe. Celui-ci possédait, au centre, une zone couverte, d'où partaient vingt-quatre passages. Vu d'en haut, le labyrinthe s'étalait en éventail comme des pointes de compas, à quinze degrés d'intervalle. Le labyrinthe tout entier était recouvert, de sorte que les rayons du soleil et des étoiles ne pouvaient y entrer et apporter aux chats des éléments de navigation. Tous les chats, à tour de rôle, furent introduits dans le labyrinthe et on les laissa errer jusqu'à ce qu'ils trouvent une sortie. Dans un nombre de cas significatif, les animaux choisirent le couloir qui s'orientait exactement dans la direction de leur maison.

Lorsque ces faits nous furent exposés, lors d'une conférence internationale, la plupart d'entre nous se montrèrent extrêmement sceptiques. Sans doute les tests avaient-ils été menés d'une manière rigoureuse, mais les résultats accordaient aux chats une sensibilité tellement stupéfiante dans le retour au gîte que nous avions du mal à y croire. Nous soupçonnions une faille dans la méthode d'expérimentation. La faiblesse la plus évidente était la possibilité d'une carte de mémoire. Peut-être les chats pouvaient-ils corriger et rétablir les tours et détours effectués par le camion à travers la ville, de sorte qu'ils avaient passé tout le trajet à réévaluer la direction de leur lieu d'habitation.

Ce doute fut levé grâce à d'autres expériences réalisées aux États-Unis. Là, on donna aux chats avant le voyage des aliments auxquels on avait mélangé des somnifères, de sorte qu'ils furent plongés dans un profond sommeil durant tout le trajet. Lorsqu'ils parvinrent à destination, on les laissa se réveiller, puis on commença l'expérience. Curieusement, ils savaient encore dans quelle direction se trouvait le foyer.

Depuis lors, de multiples tests de navigation ont été effectués sur divers animaux. Aujourd'hui, on sait sans l'ombre d'un doute que nombre d'espèces, y compris l'homme, possèdent une sensibilité extraordinaire au champ magnétique terrestre, qui leur permet de retrouver le chemin de la maison, sans indices visuels. La technique d'expérimentation, qui a permis de confirmer cette théorie, a consisté à fixer des aimants puissants sur les navigateurs. Leur présence a perturbé leur faculté de retour au gîte.

Nous en sommes encore à essayer de comprendre comment fonctionne ce mécanisme d'orientation lointaine par rapport au foyer. Il paraît probable que des particules de fer, naturellement présentes dans les tissus animaux, seraient les éléments vitaux, conférant aux individus capables de s'orienter une boussole biologique interne. Mais il reste encore beaucoup à découvrir dans ce domaine.

Du moins pouvons-nous croire aujourd'hui certaines des histoires incroyables qu'on racontait autrefois sur ce thème. On les tenait auparavant pour des anecdotes d'une folle exagération, ou pour des cas de confusion d'identité. Mais il apparaît maintenant que ces récits doivent être pris au sérieux. Plus possible, à présent, d'écarter d'un sourire condescendant les histoires de chats qui quittent leur nouveau domicile et parcourent des centaines de kilomètres pour retrouver l'ancien, accomplissant dans ce but un trajet qui peut prendre plusieurs semaines.

Les chats peuvent-il pressentir les tremblements de terre?

Réponse : oui. Mais nous ne savons pas encore avec certitude comment ils y arrivent. Peut-être perçoivent-ils des vibrations terrestres si infimes que nos instruments ne peuvent les détecter. On sait que les tremblements de terre sont précédés d'une activité sismique croissante, plutôt que d'éclater avec une brutalité soudaine. Les chats disposeraient alors d'un système d'alerte amélioré.

Deuxième éventualité : ils sont sensibles à l'augmentation très importante d'électricité statique qui précède apparemment ce type de phénomènes. Les humains réagissent aussi à ce genre de modifications, mais c'est une réaction vague, indéterminée. Nous parlons, dans ces circonstances, de tension, d'élancements dans la tête. Mais nous ne sommes pas capables de distinguer ces manifestations du malaise que nous éprouvons après une journée de travail fatigante, ou de ce que nous ressentons quand nous couvons un rhume. Nous ne pouvons pas déchiffrer correctement les signes. Toujours est-il que les chats y arrivent.

Une troisième explication attribue aux chats une sensibilité extrême aux variations du champ magnétique. Des variations de ce type accompagnent les tremblements de terre. En fait, il se peut que les trois réactions se produisent en même temps : la détection d'infimes mouvements sismiques, de l'activité électrostatique et des perturbations magnétiques. En tout état de cause, il n'existe qu'une seule certitude : les chats se sont montrés, à plusieurs reprises, extrêmement nerveux juste avant que de forts tremblements de terre ne se produisent. Des propriétaires, ayant réussi à comprendre les craintes de leur petit compagnon, leur ont peut-être été redevables de leur vie. Dans de nombreux exemples, on a remarqué que les chats se mettaient à courir à travers la maison, essayant désespérément de s'échapper. Dès qu'on leur ouvre la porte, ils s'enfuient avec terreur loin des habitations. Certaines femelles font même parfois l'aller et retour à toute vitesse pour mettre leurs petits à l'abri. Puis, quelques heures plus tard, la terre tremble et rase les maisons. Ce type de comportement a été signalé à maintes et maintes reprises dans les zones les plus vulnérables. Des recherches très sérieuses sont actuellement en cours pour analyser avec précision les signaux que la gent féline parvient à détecter.

Le même genre de réactions a été rapporté concernant des chats qui pressentaient l'imminence d'éruptions volcaniques ou de violents orages. En raison de leur exceptionnelle sensibilité, on a souvent attribué au chat domestique des pouvoirs surnaturels. A l'époque médiévale, ce fut ce qui causa leur perte. Des kyrielles de chats ont alors connu un horrible trépas entre les mains de chrétiens superstitieux qui les firent brûler, parce qu'ils les croyaient dotés d'une « connaissance surnaturelle ». Le fait de savoir aujourd'hui que cette connaissance est on ne peut plus naturelle n'en est pas moins merveilleux.

Comment le chat dort-il?

Les chats s'accordent de courtes périodes répétées d'un sommeil léger. En fait, ces petits sommes sont si courants chez les chats et si rares chez les humains en bonne santé qu'il n'est guère exagéré de dire que les félins et les hommes ont une structure du sommeil fondamentalement différente. Sauf s'ils ont veillé très tard dans la nuit, s'ils sont malades ou vieux, les humains adultes ne se permettent pas des petites siestes. Ils limitent leur temps de repos à une seule et unique période prolongée, de huit heures environ par nuit. En comparaison, les chats sont des champions du sommeil, parvenant à accumuler, en vingt-quatre heures, près de seize heures de repos, soit deux fois plus que les humains. Autrement dit, un chat de neuf ans, qui approche de la fin de sa vie, n'a été en état de veille, en tout et pour tout, que pendant trois ans. Ce n'est pas le cas de la plupart des autres mammifères, et le chat occupe, à cet égard, une catégorie à part : celle du tueur raffiné. Le chat est si habile à se trouver sa nourriture hautement nutritive qu'il s'est ménagé du temps à perdre. Ce temps, il le passe à dormir, et, semble-t-il, à rêver. D'autres carnivores, comme les chiens et les mangoustes, doivent consacrer beaucoup plus de temps à galoper partout, à chercher, à chasser leurs proies. Le chat s'assoit, et il attend, traque un petit peu, tue et dévore. Puis, il s'assoupit, comme après un souper fin. Personne ne s'endort avec autant de facilité que le chat.

Le sommeil du chat se classe en trois catégories : la petite sieste, le somme léger plus long et le sommeil profond. Le somme léger et le sommeil profond alternent par accès caractéristiques. Lorsque l'animal s'installe pour se plonger dans autre chose qu'une sieste, il commence par une phase de sommeil léger qui dure environ une demi-heure. Puis il s'assoupit vraiment et, pendant six ou sept minutes, dort profondément. Après quoi, il connaît à nouveau un accès de sommeil léger pendant une autre demi-heure, et ainsi de suite jusqu'à ce qu'enfin il se réveille. Durant les périodes de sommeil profond, le corps du chat se détend si bien qu'il roule généralement sur le côté. C'est alors qu'il semble rêver, avec des contractions et des frémissements dans les oreilles, les pattes et la queue. La bouche peut faire des mouvements de succion et parfois même il y a des vocalisations, tels des grognement, ronronnements et autres grondements. Il peut se produire aussi de brefs mouvements des yeux. Mais, au demeurant, le tronc du chat reste parfaitement immobile et détendu. A l'aube de sa vie, jusqu'à l'âge d'un mois, lorsqu'il n'est qu'un tout petit chaton, il ne connaît que ce type de sommeil profond, qui occupe environ douze heures sur vingt-quatre. Après ce premier mois, les chatons épousent rapidement le schéma suivi par leurs aînés.

Pourquoi ceux qui possèdent des chats sont-ils en meilleure santé que ceux qui n'en ont pas?

Cette question peut paraître bizarre, mais il existe toutes sortes d'éléments qui tendent à prouver qu'avoir un chat est bon pour la santé. Les propriétaires de chats aujourd'hui assiégés, souvent critiqués parce qu'ils « salissent l'environnement avec leurs bêtes », pourront se consoler de tous leurs déboires en se disant que le groupe de pression antichats et chiens vivra moins longtemps qu'eux.

A cela, deux raisons. D'abord, on sait que le contact physique affectueux avec les chats diminue dans des proportions remarquables la tension dont souffrent leurs compagnons humains. Les relations entre humains et chats sont touchantes, aux deux sens du terme. Le chat se frotte contre le corps de son maître, tandis que le maître caresse et joue avec la fourrure du chat. Si l'on branche des électrodes en laboratoire sur ces maîtres, on découvre que leur système corporel se calme d'une façon notable quand ils se mettent à caresser leur chat. Leur tension s'apaise et leur corps se détend. Cette forme de thérapie féline n'est pas le fruit de l'imagination d'un chercheur trop enthousiaste. Elle a été démontrée par la pratique dans plusieurs cas aigus, où des malades mentaux ont vu leur état s'améliorer d'une manière stupéfiante à partir du moment où on les avait autorisés à posséder un chat.

Nous éprouvons une sorte de soulagement dans une relation simple, loyale, avec un chat. C'est là la deuxième raison de l'effet bénéfique du chat sur les humains. Ce n'est pas seulement une question de toucher, aussi importante soit-elle. Ce qui est également en cause, c'est une relation psychologique, dépourvue des complexités, des trahisons et des contradictions qui caractérisent les relations humaines. Nous sommes tous, un jour ou l'autre, blessé dans nos relations humaines, certains le sont profondément, d'autres d'une manière plus ordinaire. Ceux qui portent de graves blessures psychiques peuvent avoir du mal à accorder une nouvelle fois leur confiance. Pour eux, un lien avec un chat peut procurer des satisfactions si grandes qu'il n'est pas impossible qu'ils retrouvent, à travers lui, leur foi dans les rapports humains, voyant peu à peu se dissiper leur cynisme et leurs doutes, et guérir les blessures cachées. Une étude spéciale, aux États-Unis, a montré que, pour ceux chez qui la tension a entraîné des troubles cardiaques, le fait d'avoir un chat peut véritablement les ramener à la vie, en diminuant leur pression sanguine et en calmant un cœur surmené.

Pourquoi dit-on qu'un chat a neuf vies?

A cause de sa résistance et de son endurance, la croyance populaire a souvent crédité le chat de plusieurs vies. Mais pourquoi neuf, plutôt qu'un autre chiffre, c'est une question sur laquelle beaucoup de gens se sont interrogés. Pourtant, la réponse est simple. Au temps jadis, neuf, la « trinité des trinités », était considéré comme le chiffre porte-bonheur par excellence. Avec sa « veine » du tonnerre, le chat ne pouvait pas faire moins...

Table des matières

CET OUVRAGE
A ÉTÉ COMPOSÉ
ET ACHEVÉ D'IMPRIMER
PAR L'IMPRIMERIE FLOCH À MAYENNE
LE 31 MARS 1987
(25289)
POUR LE COMPTE DES
ÉDITIONS CALMANN-LÉVY, 3, RUE AUBER
PARIS-9e – N° 11267/01
DÉPÔT LÉGAL : MARS 1987